はじめに

　本調査は広告宣伝活動に熱心な企業の皆様に、活動の状況や考え方などについて幅広く、また関心を集めている領域については深く、回答いただいているものです。1977年から毎年実施しており、今回で42回目を迎えました。

　従来から尋ねている広告予算や利用媒体、近年設問を拡充してきたデジタルマーケティングに関する事項などに加えて、今回の調査ではデジタル媒体の活用とともに関心が高まっている「ブランディング」を質問テーマのひとつとして設定しています。また、話題にのぼることも多い、ブランド毀損やビューアビリティといったインターネット広告の課題についても聞いています。

　一方で、アンケートを依頼する広告主企業の範囲を広げるといった試みを行いました。対象企業は有価証券報告書に単独決算ベースで広告宣伝費を記載している企業で、その金額の上位を影響力の大きい企業として、設定の中心に置いていることは変わりありませんが、広告宣伝費を非開示の企業や、広告活動がさかんで公共性を有する特殊法人、協同組合などにも依頼しました。

　ただ、回収ベースでは数、率ともに前回調査には及びませんでした。企業を対象にした今日の調査の難しさ、訪問留置や郵送法による調査の難しさを感じることとなりました。調査自体にも質問の量、内容に、回答者へ多くの負担をかける面があったと思われ、今後の課題として対応していきたいと考えます。

　こうしたなかで243社もの担当者の方々にご協力いただき、今年も報告書としてまとめることができました。ご多忙のなか、時間、労力を割いて回答いただいた皆様に厚く感謝申し上げます。おかげさまで、しっかりとした調査を行うことが難しい環境において、価値ある資料集となったと感じています。

　広告界にかかわる多くの方々が、有力広告主企業の活動を把握する基礎データとしてこの調査報告書を活用していただければ幸いです。

2018年2月

　　　　　　　　　　　　　　　　　　　　　　　　　　　　　　日経広告研究所

<解 説>

ブランディングに関する質問を設定

　コミュニケーション手法の多様化や、消費者が情報を受発信する行動の変化を受けて、ブランディング（ブランドの構築や維持、拡張）に関心を寄せる企業が増えていると思われる。デジタルメディア利用が一般化し、どのようなメディアを組み合わせて消費者の記憶に残り、ブランドを共に創っていくかが、ますます重要になってきている。

　こうした認識から、今回の調査では「ブランディング」をテーマの1つとして掲げ、ブランドづくりに対する意識や行動を尋ねる質問を1パート、新たに設けた。今日のブランド戦略の考え方を、包括的にとらえることができよう。

　また、インターネット広告に関連する質問を年ごとに拡充してきたが、今回調査でも見直しを加え、その透明性や健全性についての対策を新たに尋ねている。

　一方では、重要性が低下したと思われる設問を一部省き、継続性を重視しながらも時代に応じた質問構成となるよう心掛けた。

　前回調査で多岐にわたり尋ねた統合マーケティングやインターネット広告の効果測定指標に関する質問は、重要な視点であるが今回の調査では見送った。次回の調査以降で取り上げ、変化の様子を見るといった対応も考えている。

　当調査ではほかに広告宣伝部の業務を多岐にわたり尋ねており、以下、主要項目について順に触れていく。

1. 広告予算

2018年度予算は前年度比0.4％減の見通し

　2017年の広告市場を概観すると、景気の緩やかな拡大基調を背景に広告売上高も堅調に推移した。インターネット広告については欧米で効果や健全性を疑問視する動きが顕著になり、日本でも懸念事項として認識が広まった。そうした影響を受けて積極的な出稿を抑える傾向も見られたが、業界の対応が確認されるとともに回復し、年間を通しては好調を維持する動きとなった。経済産業省が毎月まとめている「特定サービス産業動態統計」によると、全媒体の合計を表す「広告業売上高」の17年1～11月合計は、前年同期比は0.2％減となっている（18年1月現在）。「インターネット広告」に限れば11.3％増となり、同媒体が全体をけん引したことがうかがえる。

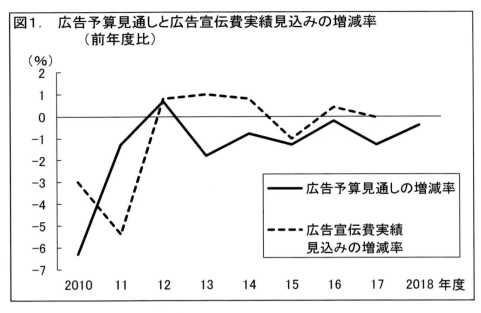

図1. 広告予算見通しと広告宣伝費実績見込みの増減率（前年度比）

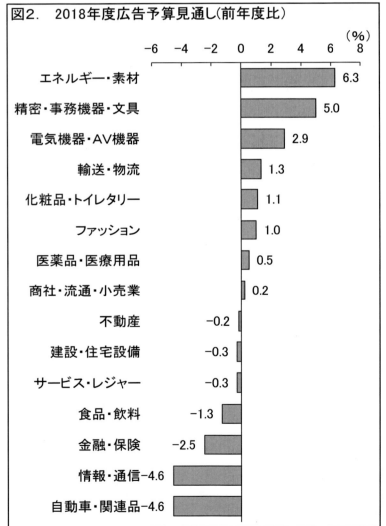

図2. 2018年度広告予算見通し(前年度比)

今回の「広告動態調査」では、「2017年度（17年4月―18年3月に到来する決算期）の広告宣伝費実績見込み」は前年度比0.04％の減少となった（同質問に回答した211社の加重平均）。予算総額としては、ほぼ前年並みの水準で推移していることを表している。前回調査での0.4％増に続き、実績見込みの振れ幅は小さいと予想されるかたちとなった（図1）。

回答社数5社以上または16年度予算の平均が100億円以上の15業種の業種別では、7業種が増加を見込む。情報・通信が前年度比（以下、同）12.0％増と2ケタの伸びを示し、自動車・関連品が6.1％増、電機機器・ＡＶ機器が4.2％増、建設・住宅設備が2.5％増、化粧品・トイレタリーと商社・流通・小売業が1.5％増、不動産が0.5％増と続く。半面、輸送・物流が18.7％減と大きく減る見込みとなっており、ファッションの7.4％減もさ

えない。

「18年度の広告宣伝費見通し」は0.4%のマイナスとなった。次年度の予算について慎重な見通しが立てられるのは例年の傾向で、10年間でプラスだったのは東日本大震災翌年の12年度の0.7%増のみ。18年度の0.4%減は、マイナス幅が小さいともとれる。

業種別ではエネルギー・素材が6.3%増と、比較的大きな伸び率を示した。精密・事務機器・文具（5.0%増）、電気機器・ＡＶ機器（2.9%増）など、8業種がプラスの見通しとなっている。一方、減少見通しでは情報・通信と自動車・関連品の4.6%減が最も大きく、金融・保険の2.5%減、食品・飲料の1.3%減などが続く（図2）。

広告予算の決定方法――事業部などの要求を取り入れる割合が増える

広告予算の決定はどのような方式によるものか、予算に関する質問として「広告予算を決める際に適用している方法」を複数回答で尋ねている。最も多く挙げられたのは「前期の広告予算実績に基づいて」の74.1%で、2番目の「予算期内の予想利益に基づいて」の37.9%を大きく引き離している。「前期の広告予算実績に基づいて」が抜きん出て高くなるのは例年の傾向で、基本的な方式と言えそうだ。

以下、「予算期内の予想売上高に基づいて」（28.0%）、「前期の売上高に基づいて」（25.5%）、「各事業部や商品について提示された要求に基づいて」（25.1%）と続く。「各事業部や商品について提示された要求に基づいて」は前回よりも4.0ポイント増加し、順位も1つ上げた。前々回の調査では21.0%であり、実績や利益などの財務数値をもとにすることを基本方針とし、各部所からの要望を取り入れていくスタイルが増えてきている可能性がある。

企業広告費の増加傾向が鮮明に

当調査では「広告宣伝費に占める"企業広告費"の割合」を、毎回尋ねている。近年、企業がコミュニケーションをとる手法が多様化しているが、企業広告費の比率にも変化があるのかどうかを見てみる。

広告宣伝費予算額を回答に反映させた加重平均により、全体に占める企業広告費の割合を算出すると、14.5%となった。前回調査から1.7ポイント上昇した。2回の調査ともに回答をいただいた同一企業を取り出した場合も、2.5ポイントの上昇が見られた。

数年間の推移からも増加傾向が見てとれる（図3）。14年の

調査で1度下がったが、少しずつ、着実に伸びている。消費者からの信頼や共感がいっそう重視されている、人手不足が叫ばれるなか採用活動が活発化している、デジタル広告を使ったブランディングが増えているなど、広告を取り巻く環境の変化が影響しているのではないだろうか。

業種別（業種全体の広告予算額が100億円以上では）、精密・事務機器・文具の37.5%、輸送・物流の28.3%、情報・通信の27.0%、建設・住宅設備の25.0%などが高い。取引対象別ではBtoB企業が41.3%と高いが、BtoC企業も11.0%と1割以上を企業広告費にかけており、前回調査より0.9ポイント高まった。

2. 広告メディア

マスコミ4媒体比率は53.9%に——広告宣伝費の配分

「利用している広告媒体」として広告宣伝費の配分を尋ねているが、今回調査では媒体区分を18から12に減らした。合計が100%になるように、各媒体費の配分割合を回答してもらっている。

最も大きいのは「テレビ地上波」の44.1%で、順位は従来と変わりないが、前回と比べると2.0ポイント減少した。ほかのマスコミ媒体も減少し、「新聞」が0.7ポイント減の5.6%、「雑誌」が0.9ポイント減の2.9%、「ラジオ」が0.5ポイント減の1.3%だった。マスコミ4媒体計は4.1ポイント減の53.9%となった。地上波と分けて尋ねている「テレビ BS、CSなど」も2.2ポイント減少し、2.4%だった。

インターネット広告は「インターネット（モバイル除く）」が9.0%で前回よりも0.1ポイント減とほぼ横ばいだったが、「モバイル」は6.5%で2.0ポイント増加した。当調査は広告費ランキング上位企業が主な対象であるためか、市場全体よりもインターネット広告の占める割合が低い傾向が見られるものの、スマートフォンなどモバイル広告の比率は年毎に上がっている。

ほかには「折り込みチラシ」（8.2%）が3.6ポイントと大きく上昇した。代表的な利用業種である商社・流通・小売業における折り込みチラシの配分が、31.7%から46.3%へと大きく伸びた。

業種全体の広告予算額が100億円以上で、「テレビ 地上波」の配分が多い業種は化粧品・トイレタリーの73.1%、医薬品・医療用品の68.6%、食品・飲料の55.7%など。モバイルでは金融・保険の17.5%、情報・通信の14.1%、サービス・レジャーの11.7%などが高くなっている。媒体による主要業種の違いが見て取れる。

「広告媒体を選ぶ際、重視するポイント」を、「その他」を含む18の選択肢から選んでもらった。トップは「視聴者・読者の年齢層や基本属性」の77.0%。2位以下には「広告予算との兼ね合い」（62.6%）、「媒体の到達率」（61.7%）、「カバーエリアの効率性」

（50.2％）などが続く。「視聴者・読者の年齢層や基本属性」は 6.7 ㌽上昇した。ほかには「番組・記事の特質や信頼性」（41.6％）が 5.5 ㌽上昇した。インターネット広告がブランド毀損につながるコンテンツとともに掲出されていたケースや、不正確な記事や著作権侵害のおそれがあるサイトが見つかり、閉鎖されるといった事件など、デジタルメディア／広告の信頼性が問われる事象が相次ぎ、広告が掲出されるコンテンツの質に対する意識が高まっていると考えられる。

ただ、そうした問題点をはらむとはいえ、インターネット広告の利用は今後も増えそうだ。「利用が増えると見込む広告媒体」として、「モバイル」（69.1％）と「インターネット（モバイル除く）」（67.5％）が抜きん出ている。既存メディアでは「テレビ 地上波」の 25.1％や「ＯＯＨ（屋外広告・交通広告）」の 18.1％が高い。「モバイル」はファッション（90.0％）、化粧品・トイレタリー（88.9％）、食品・飲料（84.8％）といった業種で高くなっている。

一方、利用が減ると見込む広告媒体は「雑誌」（40.7％）、「新聞」（39.5％）、「折り込みチラシ」（33.3％）などが高く、「テレビ 地上波」は 21.8％で前回と横ばい。「モバイル」「インターネット」以外の媒体は、いずれも 10％を超える数値となった。

「重要と考える」メディアはモバイル広告がトップに立つ

利用が増えるとは別に「特に重要と考える（広告宣伝予算を減らされた際も極力減額しない）媒体」を３つまで挙げてもらった。

最も多く挙げられたのは「モバイル広告（スマートフォン・携帯電話など）」の 49.0％。以下、「テレビ 地上波」（44.0％）、「ネット上の自社ホームページ」（40.3％）、「インターネット広告（モバイル除く）」（37.4％）、「ソーシャルメディア」（21.8％）と続く（図４）。

「モバイル広告（スマートフォン・携帯電話など）」は、前回までは「モバイル広告」

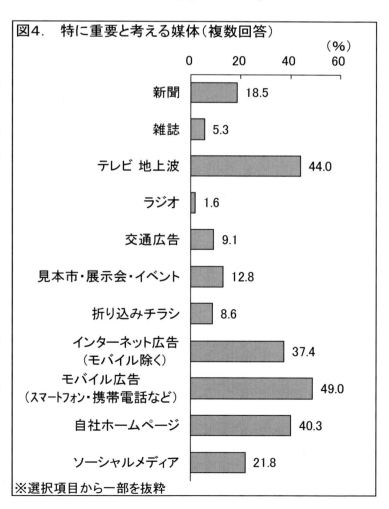

図４．特に重要と考える媒体（複数回答）

媒体	（％）
新聞	18.5
雑誌	5.3
テレビ 地上波	44.0
ラジオ	1.6
交通広告	9.1
見本市・展示会・イベント	12.8
折り込みチラシ	8.6
インターネット広告（モバイル除く）	37.4
モバイル広告（スマートフォン・携帯電話など）	49.0
自社ホームページ	40.3
ソーシャルメディア	21.8

※選択項目から一部を抜粋

との表記で尋ねていたのだが、7.6ポイント上昇した。「ネット上の自社ホームページ」も 6.8ポイントと大幅に上がった。一方、「テレビ 地上波」は 4.5ポイントの減少。1位も「モバイル広告（スマートフォン・携帯電話など）」に譲るかたちとなった。

　業種全体の広告予算額が100億円以上で、「モバイル広告（スマートフォン・携帯電話など）」を重要視するのはサービス・レジャー（76.0％）、化粧品・トイレタリー（66.7％）、金融・保険（63.2％）、商社・流通・小売業（55.3％）など。逆に精密・事務機器・文具（28.6％）、輸送・物流（28.6％）、電気機器・ＡＶ機器（30.8％）などは低い。

3. インターネットとマーケティング戦略

インスタグラムの利用率は 19.2ポイント増

　インターネットについては、まず「マーケティング活動のなかで、インターネットのどの分野に重点を置いているか」を尋ねた（複数回答も可）。

　最も多かったのは「自社ホームページ内の常設コンテンツの充実」で、82.3％に上る。これに続くのが、「ソーシャルメディアの活用」の 66.7％、「インターネット広告の出稿」の 61.7％などとなっている。

　続いて「さらに強化したい分野」を3つまで挙げてもらった。こちらも「自社ホームページ内の常設コンテンツの充実」（56.1％）、「ソーシャルメディアの活用」（49.8％）、「インターネット広告の出稿」（41.4％）と、「重点を置いている」と同じ順に並んだが、前回調査と比べると「ソーシャルメディアの活用」が 9.2ポイント低下し、順位も下げた。

　次にパソコン、スマートフォンのそれぞれについて、出稿している広告コンテンツの形態を尋ねた。パソコンについては、「バナー広告（静止画）」（62.1％）、「検索連動型広告」（58.8％）、「テレビＣＭと同じ、あるいは連動したＣＭ動画」（44.4％）、「ネット専用動画」（36.2％）、「リッチメディア広告（動画のバナー広告）」（32.1％）、「タイアップ広告」（27.2％）の順に並ぶ。

　一方、スマートフォンの場合も、「バナー広告（静止画）」（60.1％）、「検索連動型広告」（56.4％）、「テレビＣＭと同じ、あるいは連動したＣＭ動画」（42.8％）、「ネット専用動画」（37.9％）、「リッチメディア広告（動画のバナー広告）」（31.3％）、「タイアップ広告」（27.2％）と同じ順番になるが、パソコンとの差は前回調査よりも縮小している。

　また、代表的なソーシャルメディアを提示し、「（料金を払う）広告メディアとして利用している」ものと、「情報メディアとして利用している」ものを、それぞれ複数回答も可で選んでもらった。広告メディアとして利用するソーシャルメディアは「フェイスブック」（60.1％）、「ユーチューブ」（46.9％）、「ツイッター」（39.1％）、「インスタグラム」（35.0％）、「LINE」（33.3％）の順（図5）。インスタグラムは前回の 15.8％から大幅に上昇し、広告戦略に取り入れる企業が増えている様子が見て取れる。インスタグラムの活

用業種としては化粧品・トイレタリー（77.8%）、食品・飲料（63.6%）、ファッション（60.0%）、自動車・関連品（50.0%）などが高くなっている。

一方、「情報メディアとして利用するソーシャルメディア」は「フェイスブック」（65.4%）、「ユーチューブ」（58.4%）、「ツイッター」（49.8%）、「LINE」（37.0%）、「インスタグラム」（33.7%）など。インス

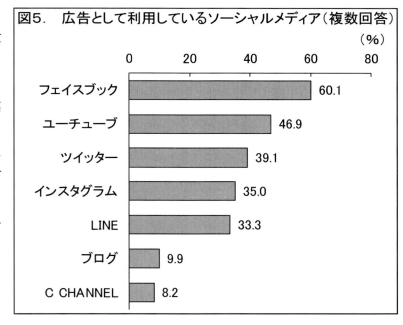

図5. 広告として利用しているソーシャルメディア（複数回答）

- フェイスブック 60.1
- ユーチューブ 46.9
- ツイッター 39.1
- インスタグラム 35.0
- LINE 33.3
- ブログ 9.9
- C CHANNEL 8.2

タグラムは広告メディアとしての利用のほうが、やや高い。

統合型メディア戦略を導入する企業が大幅に増加

近年、従来のマスメディアを使ったマーケティングとデジタルメディアを活用したマーケティングを統合したマーケティング戦略として、「統合マーケティングコミュニケーション（IMC）」や「統合型メディア戦略」が注目を集めている。主要企業にこのような考え方を導入しているかどうか聞いてみた。「導入している」は回答企業全体の51.0%と、半数を超えた。前回調査では32.0%だったので、こうした考え方が急速に広まっている様子がうかがえる。「導入していない」は44.0%で、62.4%からの減少となる。

業種全体の広告予算額が100億円以上で、「導入している」割合が高いのは自動車・関連品（100.0%）、化粧品・トイレタリー（88.9%）、ファッション（80.0%）、食品・飲料（69.7%）、サービス・レジャー（64.0%）など。逆に、「導入していない」で高いのは商社・流通・小売業（71.1%）、建設・住宅設備（57.1%）など。広告宣伝費の規模別では50億円～100億円未満の企業で81.0%、100億円以上で78.3%など、広告宣伝費が大きい場合で導入が進んでいる。

インターネット広告やソーシャルメディア、あるいは自社サイトの活用が年ごとに進んでいるものと見られるが、広告宣伝部門としては「インターネット関連分野について、どの範囲を担当しているか」を尋ねた。「その他」を含めた8つの選択項目のなかで最も高かったのは「自社サイトの企画・制作」で68.3%。これに「インターネット広告の企画・制作・発注」と「ソーシャルメディア広告の企画・制作」の57.6%、「キャンペーンサイトの企画・制作」の51.9%と続く。この4項目が5割を超え、他を引き離している。先述の「重点を置いている分野」でも「自社ホームページ内の常設コンテンツの充実」が最も

多く挙げられたように、自社サイトを広告、マーケティング活動における消費者などとの重要な接点と位置づけて、広告宣伝セクションが扱う度合いが増しているようだ。

続いて「インターネット関連の費用で、広告宣伝部予算に含まれるもの」を、5つの選択項目を挙げて答えてもらった。最も多く挙げられたのが「動画サイトなどに流す動画の制作費」の58.4％で、「ソーシャルメディア・コンテンツ制作費」が53.9％、「オウンドメディアの制作・運営費」が51.4％、「スマートフォン用アプリの制作・更新費」が32.1％、「ＳＮＳや無料通話アプリの有料アカウント費」が27.2％となった。「ソーシャルメディア・コンテンツ制作費」と「スマートフォン用アプリの制作・更新費」がともに11.4ポイント増加するなど、費用の面でも広告宣伝部門の活動領域がデジタル分野に拡張していることが表れている。媒体料ではない費用が増えているようだ。

6割が透明性の高いサイトを指定――ブランド毀損を防ぐ

17年は国内外でインターネットの透明性や健全性が問われる事象が相次いだ。インターネット広告についても、ブランド価値を損ねかねないサイトに広告が表示される可能性や、正当な広告効果が測定されているかどうかといった課題がクローズアップされることとなった。こうした状況を踏まえ、広告界で関心を呼んだ留意点に対して何らかの処置をとっているかどうかを尋ねた。

1点目はブランドセーフティについて、「ブランド毀損されるようなサイト・ページに広告が掲載される可能性について、対策をとっているか」どうかを尋ねた。「信頼性・透明性が高いサイトを指定して、広告を出している」が58.4％に達し、「広告会社やメディアに任せて、特に対策を立てていない」の19.3％を大きく上回った。「インターネット広告を出していない」は17.7％だった。

2点目はビューアビリティについて、「ページの一番下のような、あまり目に触れない位置への露出（インプレッション）もカウントされることについて、対策をとっているか」どうかを尋ねた。「掲載位置を指定して、広告を出している」が44.0％と、「広告会社やメディアに任せて、特に対策を立てていない」の28.8％を上回った。「インターネット広告を出していない」は17.3％で、「インターネット広告を減らしている」が2.5％見られた。

3点目はアドフラウドについて、「ロボット（いわゆるボット）などによるクリックもカウントされる可能性について、対策をとっているか」どうかを尋ねた。「信頼性、透明性が高い特定媒体に限定して、広告を出している」が40.3％挙げられ、「広告会社やメディアに任せて、特に対策を立てていない」は32.5％だった。前記2問に比べると対策をとっている企業といない企業の差は減るものの、日本でもかなりの企業が問題視していることが表れている。

多くの広告主企業がブランドを守り、無駄のない掲出に取り組んでいることが明らかとなった。

4. 組織・活動・広告調査

3割弱が近年の組織変更あり

　広告宣伝部門の組織体制や活動について見ていく。

　デジタルマーケティングを取り入れることによって、広告宣伝部門の体制を見直すことも増えるのではないかと思われる。そこで「近年（ここ3年以内程度）、広告宣伝活動に関わる部署の組織体制を変えたことがあるか」どうかを尋ねた。「ある」と回答した企業は28.0％。これに対し「ない」は71.2％だった。前述の統合型メディア戦略を導入している企業で見ると、36.3％が「ある」との回答だった。広告宣伝費の金額別では50億円～100億円未満の企業で42.9％、30億円～50億円未満の企業で42.1％と高くなっている。

　「社内組織として事業部制を採用している」企業は46.5％に上る。ただ、前回調査の53.4％からは減少した。業種別に見ると、化粧品・トイレタリー（88.9％）、自動車・関連品（83.3％）、精密・事務機器・文具（71.4％）、金融・保険（68.4％）などに多い。

　また、「ブランドマネージャー制を採用しているかどうか」も尋ねたところ、「採用している」は14.4％、「採用していない」は83.1％という結果となった。化粧品・トイレタリー（55.6％）や医薬品・医療用品（50.0％）、輸送・物流（28.6％）、食品・飲料（24.2％）で高いが、業種により限られるようだ。BtoC企業全体でも16.1％にとどまる。

　「広告企画を進めるうえで、最も密接に連携する部署（機能・役割）」を、「その他」を含む6つの選択肢から、複数回答も可として選んでもらった。「営業」の51.9％と「販売促進」の50.6％が並んで高く、以下、「商品開発」の38.3％、「広報」の35.8％、「経営企画」の16.9％、「その他」の6.2％の順となった。前回と比べると、販売促進が42.9％から大幅に増加した。統合型メディア戦略を導入している企業では「商品開発」との連携が45.2％で、導入していない企業の29.0％との開きが大きくなっている。

自社サイトへのアクセスから広告効果を把握

　広告効果に関する調査は、「定期的に実施」が48.1％を占め、「不定期に実施」の23.5％や「大型の広告キャンペーン時に実施」の28.8％を大きく上回る。「掲載数日後など短期間で成果を検証」するのは10.7％にとどまった。「定期的に実施」している業種は化粧品・トイレタリー（77.8％）、サービス・レジャー（68.0％）、自動車・関連品（66.7％）、金融・保険（63.2％）などに多い。統合型メディア戦略を導入している企業では61.3％と、導入していない場合の33.6％に比べ、一段と多くの企業が「定期的に実施」している。

　「広告効果に関する調査の依頼先」を、複数回答も可で聞いてみた。「キャンペーンを依頼した広告会社」が44.9％で最も高く、「専門の調査会社」の43.2％がこれに次ぐ。この2項目が抜き出ており、「自社内、グループ内の組織」（19.8％）や「広告を出稿したメ

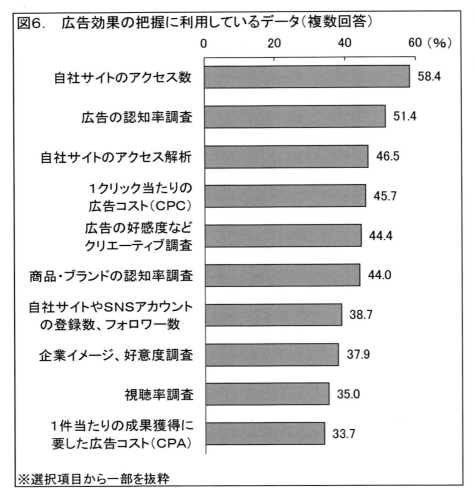

図6. 広告効果の把握に利用しているデータ（複数回答）

- 自社サイトのアクセス数　58.4
- 広告の認知率調査　51.4
- 自社サイトのアクセス解析　46.5
- 1クリック当たりの広告コスト（CPC）　45.7
- 広告の好感度などクリエーティブ調査　44.4
- 商品・ブランドの認知率調査　44.0
- 自社サイトやSNSアカウントの登録数、フォロワー数　38.7
- 企業イメージ、好意度調査　37.9
- 視聴率調査　35.0
- 1件当たりの成果獲得に要した広告コスト（CPA）　33.7

※選択項目から一部を抜粋

ディア企業」（16.5％）に依頼するケースは比較的少ない。

さらに、「広告効果をとらえるデータ」を毎年尋ねているが、前回調査で設けたインターネット広告の効果測定で利用している指標についての質問を合わせるかたちで見直し、20の選択項目のなかから当てはまるものを複数回答も可として選んでもらった。最も多くの企業から挙げられたのは「自社サイトのアクセス数」で、58.4％だった。これに「広告の認知率調査」（51.4％）、「自社サイトのアクセス解析」（46.5％）、「1クリック当たりの広告コスト（CPC）」（45.7％）、「広告の好感度などクリエーティブ調査」（44.4％）と続く（図6）。「自社サイトのアクセス数」は、業種別の差がほかの測定指標に比べると小さいようだ。また、統合型メディア戦略を導入している企業は、いずれの項目でも導入していない企業よりも利用割合が高い。なかでも導入企業では「商品・ブランドの認知率調査」が58.1％と3番目に挙げられ、相対的に採用度合いが高いようだ。

5. ブランディングへの取り組み、広告業界の課題

約3割が企業ブランドの構築を「非常に重視」

今回調査でテーマの1つとして設定した、ブランディングに対する取り組みについて見てみる。

まず、ブランドづくりに対して重視している企業の割合を尋ねた。「広告・マーケティ

ング活動において、企業ブランディング（企業ブランドや事業ブランドの構築や維持、拡張）を重視しているか」どうかとして、「重視している」「いない」を3段階に分け、「どちらでもない」を加えた7段階で尋ねた。「重視している」では「非常に重視している」が28.4％、「重視している」が43.2％、「やや重視している」が15.2％となり、計86.8％にあたる広告主企業がこれに含まれた。「やや」を除いても7割を超える企業が該当する。

さらに、「重視している」合計に「どちらでもない」の4.1％を加えた層には、下記の2つの質問にも答えてもらった。1点目は「企業ブランディング活動で行っていること」と「そのなかでも重視していること」を、それぞれ23の項目から選んでもらった。「行っていること」では「テレビCMの出稿」が73.8％と最も高く、以下、「自社サイトのコンテンツの充実」（71.9％）、「広報・PR活動の重視」（67.0％）、「新聞広告の出稿」（63.3％）、「SNSの活用」（59.7％）、「企業のビジョン／アイデンティティの明確化」（51.6％）、「インターネット広告の出稿（スマートフォン）」（50.7％）、「インターネット広告の出稿（パソコン）」（50.2％）などと続く。一方の「重視していること」でも「テレビCMの出稿」が最も高く（37.6％）、「自社サイトのコンテンツの充実」（22.2％）、「広報・PR活動の重視」（19.5％）までの順位は同じだった。4位には「SNSの活用」（14.0％）が、次いで「コミュニケーション内容の一貫性（主張の一貫性）」と「企業のビジョン／アイデンティティの明確化」が13.6％で並んで入った。テレビCMがブランド構築の中心として活用されるなかで、自社サイトやSNSを重視する企業も少なくないことがうかがえる。

2点目は「企業ブランディングの目的」として、活動のねらいを挙げてもらった。最も高かったのは「顧客基盤の育成（ロイヤルティの構築）」の76.5％で、これに「社会的な信頼獲得」（70.6％）、「製品販売のための土壌づくり（市場での認知や理解の向上）」（61.1％）、「製品販売の後押し」（56.6％）、「社員の士気向上」（56.1％）などと続く。「顧客基盤の育成」として自社サイトやSNSが、「社会的な信頼獲得」としてテレビCMや新聞広告が活用、重視されていると思われる。

重要課題のトップ、「ソーシャルメディアの効果」が2年連続

最後に広告業界で最近話題になっているトピックスのなかから、「重要な問題と考える項目」を選んでもらった。

最も支持が集まったのは、「ソーシャルメディア（ブログ、SNS、ツイッターなど）の効果」の62.6％。トップに挙げられるのは前回調査に続いてのことで、2.1ポイント上昇した。2位の「スマートフォン、タブレットの急速な普及」（51.9％）も前回同様の順位だが、こちらは2.6ポイント低下した。3位には前回よりも12.3ポイントスコアを上げた「戦略PR（商品やメッセージに注目してもらうための環境づくり）」（42.8％）が入った。さまざまなメディアや消費者からの発信などを通して、広く関心を集める方法が探られているようだ。これに「消費者の複数メディアへの同時接触」（41.2％）や、「ソーシャル（社会とのかかわりを重視する）マーケティング」（37.9％）、「コンテンツマーケティングの実践、強化」

（37.0％）が続く。

　今回調査では3つの選択肢を入れ替えたが、新たに加えた「ＡＩ（人工知能）の広告業務への活用」は28.8％、「デジタル広告とテレビＣＭの効果指標の統一」は28.4％、「インターネットのマイナス面（ブランドセーフティやビューアビリティなどに関する課題）」は18.9％だった（図7）。

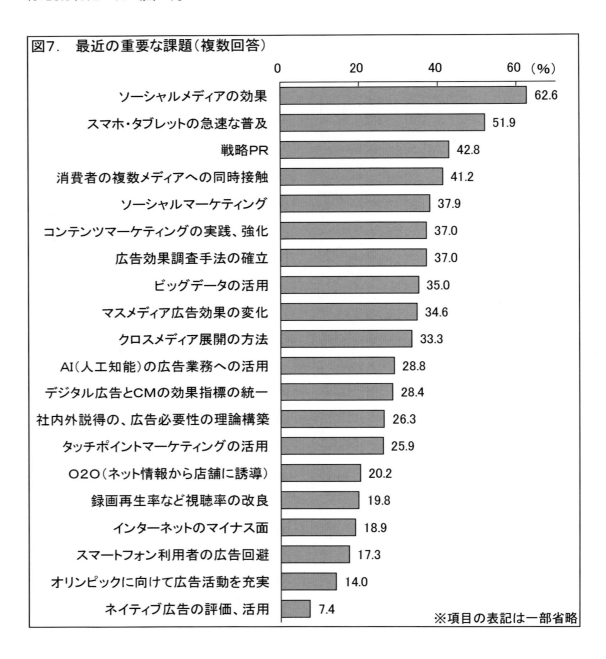

##〈調査概要〉

◆対象企業　　709社
(1)「有力企業の広告宣伝費・2017年版」（日経広告研究所）
　　記載の単独広告宣伝費上位500社のうち391社
(2) (1)に準ずる企業318社

◆方法　　　　調査票留置法と郵送法の併用

◆実施期間　　2017年11月－18年1月

◆有効回答数　243社（回答率34.3％）

◆調査会社　　ベル・マーケティング・サービス

回答企業の業種と広告費規模
〈業種〉（社数）

エネルギー・素材……10	産業機械……………4	建設・住宅設備………21
食品・飲料……………33	精密・事務機器・文具…7	商社・流通・小売業……38
医薬品・医療用品……10	電気機器・AV機器……13	金融・保険……………19
化粧品・トイレタリー…9	自動車・関連品………6	輸送・物流……………7
ファッション…………10	家庭用品・レジャー用品…2	情報・通信……………16
出版……………………5	不動産…………………8	サービス・レジャー……25

〈広告費規模〔2016年度実績〕〉（社数）

10億円未満 ……………………85
10億円以上20億円未満 …………31
20億円以上30億円未満 …………18
30億円以上50億円未満 …………19
50億円以上100億円未満 …………21
100億円以上 ……………………23
不明 ……………………………46

〈ブランディング〉

企業ブランディングを重視しているか（%）[N＝243]

全く重視していない	0.4	どちらでもない	4.1
重視していない	1.6	やや重視している	15.2
あまり重視していない	6.6	重視している	43.2
		非常に重視している	28.4

企業ブランディング活動で行っていることと，そのなかでも重視しているもの（複数回答：%）[n＝221]

	行っていること	重視していること
テレビCMの出稿	73.8	37.6
新聞広告の出稿	63.3	12.2
ラジオCMの出稿	29.4	1.8
雑誌広告の出稿	47.1	3.6
インターネット広告の出稿（スマートフォン）	50.7	11.8
インターネット広告の出稿（パソコン）	50.2	10.0
ペイドパブリシティ，ネイティブアドの活用	15.4	1.8
ブランデッドムービーの活用	20.8	4.5
自社サイトのコンテンツの充実	71.9	22.2
広報・PR活動の重視	67.0	19.5
OOH（屋外広告・交通広告の活用）	38.0	3.6
イベントの実施	43.4	5.0
SNSの活用	59.7	14.0
各種メディアの統合的な活用	34.4	5.0
マス広告とデジタルの融合	30.3	7.2
コミュニケーション内容の一貫性（主張の一貫性）	40.7	13.6
企業のビジョン／アイデンティティの明確化	51.6	13.6
ブランドストーリーの形成	31.7	7.2
ブランドの世界観の形成	34.4	10.0
長期的な視点を持つこと	40.7	8.6
社内における部門間の連携や調整	45.2	6.8
ステークホルダーとの対話	37.6	9.0
好ましいレピュテーション（社会的評判）の獲得	32.1	7.2

企業ブランディング（企業ブランドの構築や維持，拡張など）の目的（複数回答：%）[n＝221]

顧客基盤の育成（ロイヤリティの構築）	76.5
社会的な信頼獲得	70.6
製品販売のための土壌づくり（市場での認知や理解の向上）	61.1
製品販売の後押し	56.6
社員の士気向上	56.1
リクルーティング対策（新卒・中途採用者の関心を得る）	48.0
取引先（見込み取引先を含む）からの信頼獲得	44.8
株主や投資家との関係づくり（IR）	39.4
ネット上（クチコミサイト・SNS・ブログなど）での信頼獲得	29.0
その他	0.5

長期的なブランディングと短期的な販売促進の重要性（％）[N＝243]

ブランディングと販売促進を同程度重視している	56.0
ブランディングよりも，販売促進を重視している	24.7
販売促進よりも，ブランディングを重視している	15.6
ブランディングと販売促進のどちらも重視していない	0.4

〈広告予算〉

2016年度の広告宣伝費実績［n＝197］

平均	40.8億円

2017年度の広告宣伝費実績見込み（加重平均）［n＝211］

前年度比	0.04％減

2018年度の広告予算見通し（加重平均）［n＝204］

前年度比	0.4％減

広告予算の決定方法（複数回答：％）[N＝243]

前期の広告予算実績に基づいて	74.1	前期の利益に基づいて	21.4
予算期内の予想利益に基づいて	37.9	ゼロベースで必要なものを積み上げる	15.2
予算期内の予想売上高に基づいて	28.0	商品の認知率など目標を設定し，それに応じて	13.2
前期の売上高に基づいて	25.5	競合企業の出稿状況に合わせて	8.2
各事業部や商品について提示された要求に基づいて	25.1	予算設定モデルを使って	2.5

2017年度業績の当初予想との比較（複数回答：％）[N＝243]

おおむね当初予想通り	48.6	当初予想より売上高が減りそう	14.0
当初予想より売上高が増えそう	22.2	当初予想より利益が減りそう	8.6
当初予想より利益が増えそう	20.6		

広告宣伝費に占める企業広告費の比率（加重平均）［n＝201］

広告宣伝費の	14.5％

##〈広告メディア〉

2017年度の広告宣伝費の媒体配分 （加重平均：%）[n = 210]

新聞	5.6	OOH	4.0	インターネット（モバイル除く）	9.0
雑誌	2.9	ダイレクトメール	2.8	モバイル	6.5
テレビ　地上波	44.1	見本市・展示会・イベント	4.1	その他	9.2
ラジオ	1.3	折り込みチラシ	8.2		
マスコミ4媒体・合計	53.9	テレビ　BS, CSなど	2.4		

媒体選択の基準 （複数回答：%）[N = 243]

視聴者・読者の年齢層や基本属性	77.0	資料請求の集計や広告効果測定など	28.8
広告予算との兼ね合い	62.6	社内の評価	21.4
媒体の到達率	61.7	競合他社の出稿状況	21.4
カバーエリアの効率性	50.2	広告制作会社からの提案	17.3
過去の出稿実績	49.4	広告会社の出稿計画案	16.5
視聴者・読者のライフスタイルや特性	46.5	料金の値引き	12.8
番組・記事の特質や信頼性	41.6	媒体会社からのプロモーション	8.6
タイム・スペース料金，コストパフォーマンス	40.3	タイム・スペース確保の柔軟性	5.8
発行部数など媒体データの明確さ	32.5		

利用が増えると見込む広告媒体，減ると見込む広告媒体 （複数回答：%）[N = 243]

	増える	減る		増える	減る
新聞	11.9	39.5	ダイレクトメール	10.7	22.2
雑誌	5.8	40.7	見本市・展示会・イベント	22.2	17.3
テレビ　地上波	25.1	21.8	折り込みチラシ	4.9	33.3
テレビ　BS, CSなど	11.5	20.6	インターネット（モバイル除く）	67.5	3.3
ラジオ	6.6	28.4	モバイル（スマートフォンなど）	69.1	3.3
OOH	18.1	21.8	その他	7.8	11.9

特に重要と考える媒体 （3つまで：%）[N = 243]

モバイル（スマートフォンなど）	49.0	キャンペーンサイト	7.0
テレビ　地上波	44.0	ダイレクトメール	6.6
ネット上の自社ホームページ	40.3	カタログ・PR誌	6.2
インターネット（モバイル除く）	37.4	雑誌	5.3
ソーシャルメディア	21.8	POP	5.3
新聞	18.5	屋外広告	4.1
見本市・展示会・イベント	12.8	テレビ　BS, CSなど	2.9
交通広告	9.1	ラジオ	1.6
折り込みチラシ	8.6	フリーペーパー・マガジン	0.0

〈インターネットとマーケティング戦略〉

マーケティング活動で重点を置くインターネット分野（複数回答：%）[N = 243]

自社サイト内の常設コンテンツの充実	82.3	キャンペーンサイトの開設	34.6
ソーシャルメディアの活用	66.7	Eコマース（電子商取引）の充実	23.9
インターネット広告の出稿	61.7	インターネットを重視する考えはない	0.4
ネットで得られた顧客情報の活用	38.3	その他	0.8

今後強化したいインターネット分野（3つまで：%）[n = 237]

自社サイト内の常設コンテンツの充実	56.1	ネットで得られた顧客情報の活用	25.7
ソーシャルメディアの活用	49.8	Eコマース（電子商取引）の充実	12.2
インターネット広告の出稿	41.4	キャンペーンサイトの開設	11.8

パソコン，スマートフォン用に流している広告コンテンツの形態（複数回答：%）[N = 243]

	パソコン	スマートフォン
検索連動型広告	58.8	56.4
タイアップ広告	27.2	27.2
バナー広告（静止画）	62.1	60.1
リッチメディア広告（動画のバナー広告）	32.1	31.3
ネット専用動画	36.2	37.9
テレビCMと同じ，あるいは連動したCM動画	44.4	42.8

インターネットの利用目的（複数回答：%）[N = 243]

商品のセールスプロモーション	68.3
企業ブランドの構築	56.4
商品ブランドの構築	49.8
商品の販売（注文ページや，そのページへの誘導）	42.8

統合マーケティングコミュニケーションや統合型メディア戦略といった考え方の導入（%）[N = 243]

導入している	51.0
導入していない	44.0

広告メディアとして利用しているソーシャルメディア（複数回答：%）[N = 243]

フェイスブック	60.1	LINE	33.3
ユーチューブ	46.9	ブログ	9.9
ツイッター	39.1	C CHANNEL	8.2
インスタグラム	35.0	特に利用していない	20.6

情報メディアとして利用しているソーシャルメディア（複数回答：%）[N＝243]

フェイスブック	65.4	インスタグラム	33.7
ユーチューブ	58.4	ブログ	16.5
ツイッター	49.8	C CHANNEL	2.1
LINE	37.0	特に利用していない	11.5

ウェブマーケティングに携わる専門メンバー・組織の有無（%）[N＝243]

存在する	53.1
存在しない	45.7

→ **専門メンバー・組織の体制**（%）[n＝129]

広告宣伝部内に存在	43.4
広告宣伝部とは別組織	28.7
広告宣伝部内にも，別組織にも存在	27.1

→ **専門メンバーの人数**[n＝115]

平均7.2人

ウェブマーケティングの外部機関への発注（%）[N＝243]

している	58.0	していない	39.5

→ **発注している外部機関**（%）[n＝141]

総合広告会社	60.3	マーケティング支援サービスの事業会社	14.9
インターネット専門広告会社	40.4	その他	1.4

広告宣伝部門のインターネット担当範囲（複数回答：%）[N＝243]

自社サイトの企画・制作	68.3	インターネット広告の発注のみ	12.3
インターネット広告の企画・制作・発注	57.6	運用型広告を自社で管理	7.0
ソーシャルメディア広告の企画・制作	57.6	インターネット関連はすべて他部門が担当	3.3
キャンペーンサイトの企画・制作	51.9	その他	1.2

インターネット関連の費用で広告宣伝部予算に含まれるもの（複数回答：%）[N＝243]

動画サイトなどに流す動画の制作費	58.4	スマートフォン用アプリの制作・更新費	32.1
ソーシャルメディア・コンテンツ制作費	53.9	SNSや無料通話アプリの有料アカウント費	27.2
オウンドメディアの制作・運営費	51.4		

ブランド毀損の可能性があるサイトへの掲載対策（%）[N＝243]

信頼性，透明性が高いサイトを指定して，広告を出している	58.4
広告会社やメディアに任せて，特に対策は立てていない	19.3
インターネット広告は出していない	17.7
インターネット広告を減らしている	0.0

目に触れにくい位置への露出の対策（％）[N＝243]

掲出位置を指定して，広告を出している	44.0
広告会社やメディアに任せて，特に対策は立てていない	28.8
インターネット広告は出していない	17.3
インターネット広告を減らしている	2.5

ロボットなどによるクリックへの対策（％）[N＝243]

信頼性，透明性が高い特定媒体に限定して，広告を出している	40.3
広告会社やメディアに任せて，特に対策は立てていない	32.5
インターネット広告は出していない	18.1
インターネット広告を減らしている	0.8

〈組織・活動・広告調査〉

ここ数年で広告宣伝活動に関わる部署の組織体制変更の有無（％）[N＝243]

ある	28.0	ない	71.2

事業部制採用の有無（％）[N＝243]

採用	46.5	非採用	52.7

→**事業部内における広告担当の設置**（％）[n＝113]

広告部門は独立，各事業部に広告担当はいない	51.3
広告部門は独立しているが，各事業部にも広告担当がいる	33.6
広告部門は独立しておらず，各事業部に広告担当がいる	12.4

→**広告予算の管理**（％）[n＝113]

広告宣伝部門が一括	45.1
事業部が管理	22.1
その他	31.9

商品開発から広告，販売まで管理するブランドマネージャー制の採用の有無（％）[N＝243]

採用	14.4	非採用	83.1

広告企画を進めるうえで，最も密接に関連する部署（複数回答：％）[N＝243]

営業	51.9	広報	35.8
販売促進	50.6	経営企画	16.9
商品開発	38.3	その他	6.2

広告効果に関する調査の実施状況（複数回答：%）[N = 243]

定期的に実施	48.1	実施していない	12.8
大型の広告キャンペーン時に実施	28.8	掲載数日後など短期間で成果を検証	10.7
不定期に実施	23.5		

広告効果に関する調査の依頼先（複数回答：%）[N = 243]

キャンペーンを依頼した広告会社	44.9	広告を出稿したメディア企業	16.5
専門の調査会社	43.2	キャンペーンを依頼したのとは別の広告会社	7.4
自社内，グループ内の組織	19.8	その他	2.5

広告に関する調査費用の割合（加重平均）[n = 175]

広告宣伝費の	1.1%

広告効果の把握に利用しているデータ（複数回答：%）[N = 243]

自社サイトのアクセス数	58.4	1件当たりの成果獲得に要した広告コスト（CPA）	33.7
広告の認知率調査	51.4	商品・ブランドのイメージ，ロイヤルティー調査	31.3
自社サイトのアクセス解析	46.5	景品の応募や資料請求，問い合わせの件数	29.2
1クリック当たりの広告コスト（CPC）	45.7	企業の知名度調査	28.8
広告の好感度などクリエーティブ調査	44.4	商品・ブランドの購買意向調査	28.0
商品・ブランドの認知率調査	44.0	商品・ブランドの売上高調査	25.5
自社サイトやSNSアカウントの登録数，フォロワー数	38.7	POSデータ	21.8
企業イメージ，好意度調査	37.9	広告の注目率調査	20.2
視聴率調査	35.0	ブログやソーシャルメディアへの書き込み件数	18.1

〈広告会社との取引・広告業界の課題など〉

広告会社への委託業務（複数回答：%）[N = 243]

テレビCM制作	65.8	広告出稿の管理	36.6
クリエーティブの企画	57.6	ラジオCM制作	34.2
新聞広告制作	57.2	広告計画の立案	31.3
インターネット広告制作	57.2	総合的なマーケティング計画	23.5
媒体購入	56.8	マス媒体以外の広告制作	23.0
インターネット広告の運用	43.6	広告以外のプロモーション活動	18.1
タレントの起用	43.2	商品（ブランド）の市場調査	14.8
雑誌広告制作	42.8	商品のパッケージ・デザイン計画	9.5
広告効果の測定	40.3	広報活動	8.6
メディアプランニング	39.9	商品開発計画	2.1

ブランドごとの担当広告会社の有無（%）[N = 243]

すべてのブランドで担当会社を決めている	13.6
一部ブランドで担当会社を決めている	21.0
ブランドごとには担当会社を決めていない	61.7

媒体購入担当の広告会社（%）[N = 243]

決めている	36.2	決めていない	63.0

媒体購入担当広告会社の決め方（%）[n = 88]

○○新聞，○○放送といった特定の媒体ごとに広告会社を決めている	29.5
新聞，テレビといった媒体ごとに広告会社を決めている	28.4
すべての媒体購入を1社に任せている	28.4
商品やブランドごとに広告会社を決めている	22.7
その他	11.4

広告会社が提供するサービスの評価基準（%）[N = 243]

ある	54.3	ない	43.2

評価基準（複数回答：%）[n = 132]

クリエーティブの質	80.3	アカウントプランナーの能力	24.2
自社の要望にきちんと応えてくれたか	68.2	長年の貢献度	22.7
価格，コスト	65.9	商品・サービスの認知度	19.7
営業担当者の能力や人柄	56.1	取引経過についての説明能力	14.4
自社に対する熱心さ	47.7	企業イメージの変化度合い	11.4
媒体確保の実績	45.5	キャンペーンの話題性	11.4
サービスができる業務範囲	36.4	広告賞の受賞実績	1.5
商品・サービスの売り上げ	26.5		

広告会社に期待すること（複数回答：%）[N = 243]

クリエーティブ能力	83.1	企業イメージの分析と広告計画	32.1
営業担当の対応能力や調整力	54.3	広告および各種プロモーション活動の統合・管理	27.2
広告効果の測定と把握	54.3	広告以外のプロモーション活動	18.9
広告媒体の確保・出稿管理	48.1	コンシューマーインサイトの発見	18.9
企業全体に関する知識と理解	46.9	商品・技術などに関する専門知識	15.2
マーケティング面の分析と計画	46.5	国際的なネットワーク体制	11.9
基本的な広告計画の立案能力	45.3	アフターマーケティングへの対応力	9.1
媒体計画の立案能力	42.8	商品開発の提案力	3.7
社内説得に有効なデータ整備	41.6	経営・事業計画の立案能力	2.9
媒体購入価格の明示	32.5		

重要な問題と考える最近の広告業界のトピックス（複数回答：%）[N = 243]

ソーシャルメディア（ブログ，SNS，ツイッターなど）の効果	62.6
スマートフォン，タブレットの急速な普及	51.9
戦略PR（商品やメッセージに注目してもらうための環境づくり）	42.8
消費者の複数メディアへの同時接触（例：テレビを見ながらパソコン操作など）	41.2
ソーシャル（社会とのかかわりを重視する）マーケティング	37.9
コンテンツマーケティングの実践，強化	37.0
広告効果調査手法の確立	37.0
ビッグデータの活用	35.0
マスメディア広告効果の変化	34.6
クロスメディア展開の方法	33.3
AI（人工知能）の広告業務への活用	28.8
デジタル広告とテレビCMの効果指標の統一	28.4
社内外を説得するための広告の必要性の理論構築	26.3
コンタクト（タッチ）ポイントマーケティングの活用	25.9
O2O（ネット上の情報をきっかけに，消費者を実店舗に誘導）	20.2
録画再生率など視聴率の改良	19.8
インターネットのマイナス面（ブランドセーフティやビューアビリティなどに関する課題）	18.9
スマートフォン利用者の広告回避	17.3
オリンピックに向けて広告活動を充実	14.0
ネイティブ広告の評価，活用	7.4

〈クロス集計目次〉

-1. 広告・マーケティング活動において、企業ブランディング（企業ブランドや事業ブランドの構築や維持、拡張）を重視していますか。
-1SQ1. 企業ブランディング（企業ブランドの構築・維持・拡張など）の活動。《行っている活動》（複数回答）
-1SQ1. 企業ブランディング（企業ブランドの構築・維持・拡張など）の活動。《重視している活動》（複数回答）
-1SQ2. 企業ブランディング（企業ブランドの構築や維持、拡張など）の目的は何ですか。（複数回答）
-2. 広告・マーケティング活動において、長期的なブランディング（商品ブランドを含む）と短期的な販売促進のどちらを重視していますか。
．貴社の2016年度(2016年4月－2017年3月に到来した決算期)の広告宣伝費を教えてください。
-1. 2016年度の広告宣伝費を100とすると、2017年度の実績見込みはどのくらいですか。
-2. 2017年度の広告宣伝費を100とすると、2018年度の広告予算見通しはどのくらいですか。
-3. 広告予算をどのように決めていますか。適用している方法を教えてください。（複数回答）
-4. 貴社の2017年度業績は当初予想に比べて、どうなりそうか教えてください。（複数回答）
-5. 貴社の広告宣伝費のうち企業広告(商品ではなく企業そのものを訴える広告)の比率はどのくらいですか。
-1. 2017年度（実績見込み）の広告宣伝費（媒体費）の配分割合を教えてください。（平均%）
-1. 媒体ごとの回答企業の割合
-2. 広告媒体を選ぶ際、重視する点を教えてください。（複数回答）
-3. 今後、貴社で利用が増えると見込む広告媒体を教えてください。（複数回答）
-3. 今後、貴社で利用が減ると見込む広告媒体を教えてください。（複数回答）
-4. 特に重要と考える（広告宣伝予算を減らされた際も極力減額しない）ものを教えてください。（最大3つまで）
-1. マーケティング活動のなかで、インターネットのどの分野に重点を置いていますか。（複数回答）
-1SQ. インターネットに重点を置いているマーケティング活動の中で、さらに強化したい分野の番号をご記入ください。（最大3つまで）
-2. パソコンに出している広告コンテンツの形態を教えてください。（複数回答）
-2. スマートフォンに出している広告コンテンツの形態を教えてください。（複数回答）
-3. 以下の目的において、主にインターネットを使っていますか。（複数回答）
-4. 「統合マーケティングコミュニケーション（IMC）」や「統合型メディア戦略」といった考え方を導入していますか。
-5. （料金を払う）広告メディアとして利用しているソーシャルメディアを教えてください。（複数回答）
-6. 情報メディアとして利用しているソーシャルメディアを教えてください。（複数回答）
-7. 貴社がウェブマーケティングをどのような体制で担っているのかをお答えください。
　《（1）. 専門メンバー・組織が存在しますか。》
-7. 貴社がウェブマーケティングをどのような体制で担っているのかをお答えください。
　《（1）SQ1. 専門メンバー・組織はどのような体制ですか。》
-7. 貴社がウェブマーケティングをどのような体制で担っているのかをお答えください。
　《（1）SQ2. 専門メンバーの総勢は何人ですか。》
-7. 貴社がウェブマーケティングをどのような体制で担っているのかをお答えください。
　《（2）. 貴社はウェブマーケティングを外部機関に発注していますか。》
-7. 貴社がウェブマーケティングをどのような体制で担っているのかをお答えください。
　《（2）SQ. ウェブマーケティングの発注先はどのような機関ですか。》
-8. 貴社の広告宣伝部門はインターネット関連分野について、どの範囲を担当していますか。（複数回答）
-9. 以下のインターネット関連の費用で、広告宣伝部予算に含まれるものがあれば教えてください。（複数回答）
-10. 貴社では以下の点において、対策をとっていますか。
　《（１）. ブランドが毀損されるようなサイト・ページに広告が掲載される可能性について。》
-10. 貴社では以下の点において、対策をとっていますか。
　《（２）. ページの一番下のような、あまり目に触れない位置への露出（インプレッション）もカウントされることについて。》
-10. 貴社では以下の点において、対策をとっていますか。
　《（３）. ロボット（いわゆるボット）などによるクリックもカウントされる可能性について。》
-1. 御社では近年（ここ３年以内程度）、広告宣伝活動に関わる部署の組織体制を変えたことがありますか。
-2. 社内組織における広告部門と他部門の関係についてうかがいます。
　《（１）. 事業部制を採用していますか。》
-2. 社内組織における広告部門と他部門の関係についてうかがいます。
　《（１）SQ1. 各事業部に広告担当を置いていますか。》
-2. 社内組織における広告部門と他部門の関係についてうかがいます。
　《（１）SQ2. 広告予算は広告宣伝部門、事業部どちらが管理していますか。》
-2. 社内組織における広告部門と他部門の関係についてうかがいます。
　《（２）. 商品開発から広告宣伝、販売までを管理し、あるカテゴリーの商品を担当するブランドマネージャー制を採用していますか。》

〈クロス集計目次〉

5-2. 社内組織における広告部門と他部門の関係についてうかがいます。
　　 《（3）．広告企画を進めるにあたり、最も密接に連携する社内の機能・役割はどこですか。》
5-3. 広告効果に関連する調査をしていますか。（複数回答）
5-4. 広告効果に関する調査の依頼先はどこですか。（複数回答）
5-5. 広告効果に関する調査費用は広告宣伝費のどのくらいを占めますか。
5-6. 広告効果をどのようなデータから把握していますか。（複数回答）
6-1. 2017年度の広告活動、キャンペーンについて、広告会社にどのような業務を委託していますか。（複数回答）
6-2. 貴社はブランド（商品・サービス）ごとに担当広告会社を決めていますか。
　　 （ブランドには、いくつかのブランドをまとめたブランド群や事業部も含みます）
6-3. 媒体購入の担当会社を特別に決めていますか。
6-3SQ. 媒体購入の担当会社の決め方を教えてください。（複数回答）
6-4. 広告会社の提供サービスを評価する基準はありますか。
6-4SQ. 広告会社が提供するサービスの評価基準はなんですか。（複数回答）
6-5. 広告会社に何を期待しますか。（複数回答）
7-1. 最近の広告業界のトピックスのうち、重要な問題とお考えの項目を教えてください。（複数回答）
FF2. 貴社が属する業種はなんですか。商品やサービスが複数におよぶ場合、最も広告宣伝費の多いもの1つに○をつけてください。
FF3. 貴社は外資系企業（親会社、または大株主が外国籍企業）ですか。
FF4. 貴社は主としてBtoB（会社を対象とした取引）企業ですか、BtoC（消費者を対象にした取引）企業ですか。

*** 第42回 広告動態調査 *** 2017年12月

1-1. 広告・マーケティング活動において、企業ブランディング（企業ブランドや事業ブランドの構築や維持、拡張）を重視していますか。

		総数	全く重視していない	重視していない	あまり重視していない	どちらでもない	やや重視している	重視している	非常に重視している	無回答
	全体	243	0.4	1.6	6.6	4.1	15.2	43.2	28.4	0.4
産業分野	エネルギー・素材	10	-	-	-	-	10.0	30.0	60.0	-
	食品・飲料	33	-	3.0	-	-	12.1	51.5	33.3	-
	医薬品・医療用品	10	-	-	10.0	10.0	10.0	60.0	10.0	-
	化粧品・トイレタリー	9	-	-	-	-	11.1	44.4	44.4	-
	ファッション	10	-	-	10.0	-	10.0	70.0	10.0	-
	出版	5	-	-	40.0	-	-	60.0	-	-
	産業機械	4	-	-	-	-	-	25.0	75.0	-
	精密・事務機器・文具	7	-	14.3	-	-	14.3	42.9	28.6	-
	電気機器・AV機器	13	-	-	-	-	23.1	30.8	46.2	-
	自動車・関連品	6	-	-	-	-	16.7	33.3	50.0	-
	家庭用品・レジャー用品	2	-	-	-	-	-	50.0	50.0	-
	不動産	8	-	-	12.5	-	-	37.5	50.0	-
	建設・住宅設備	21	-	-	14.3	-	19.0	28.6	38.1	-
	商社・流通・小売業	38	-	2.6	7.9	10.5	23.7	42.1	10.5	2.6
	金融・保険	19	-	5.3	10.5	5.3	5.3	42.1	31.6	-
	輸送・物流	7	-	-	-	-	28.6	42.9	28.6	-
	情報・通信	16	6.3	-	12.5	-	18.8	37.5	25.0	-
	サービス・レジャー	25	-	-	4.0	16.0	16.0	40.0	24.0	-
取引対象	BtoB企業	69	-	1.4	2.9	1.4	13.0	49.3	31.9	-
	BtoC企業	174	0.6	1.7	8.0	5.2	16.1	40.8	27.0	0.6
外資系/一般	一般	237	0.4	1.7	6.8	4.2	15.2	43.0	28.3	0.4
	外資系	6	-	-	-	-	16.7	50.0	33.3	-
広告宣伝費	10億円未満	85	1.2	2.4	11.8	2.4	16.5	47.1	18.8	-
	10億～20億円未満	31	-	3.2	6.5	9.7	16.1	29.0	35.5	-
	20億～30億円未満	18	-	-	5.6	16.7	11.1	33.3	33.3	-
	30億～50億円未満	19	-	5.3	-	5.3	10.5	68.4	10.5	-
	50億～100億円未満	21	-	-	4.8	4.8	14.3	38.1	33.3	4.8
	100億以上	23	-	-	-	-	4.3	43.5	52.2	-
前年広告費比	99以下	53	-	-	5.7	5.7	18.9	41.5	26.4	1.9
	100	94	-	2.1	9.6	1.1	13.8	39.4	34.0	-
	101以上	64	-	3.1	4.7	7.8	12.5	48.4	23.4	-
広告費見通し	99以下	35	-	2.9	11.4	-	14.3	31.4	37.1	2.9
	100	114	-	-	6.1	5.3	13.2	50.9	24.6	-
	101以上	55	-	5.5	3.6	5.5	20.0	34.5	30.9	-
ブランディング	重視していない	31	3.2	12.9	51.6	32.3	-	-	-	-
	重視している	142	-	-	-	-	26.1	73.9	-	-
	非常に重視している	69	-	-	-	-	-	-	100.0	-
戦略統合	導入	124	-	-	4.8	2.4	13.7	43.5	35.5	-
	非導入	107	0.9	3.7	6.5	6.5	15.0	45.8	20.6	0.9

***　第42回　広告動態調査　***　2017年12月

1-1SQ1. 企業ブランディング（企業ブランドの構築・維持・拡張など）の活動。≪行っている活動≫（複数回答）

		総数	テレビCMの出稿	新聞広告の出稿	ラジオCMの出稿	雑誌広告の出稿	インターネット広告の出稿（スマートフォン）	インターネット広告の出稿（パソコン）	ペイドパブリシティ、ネイティブアドの活用	ブランデッドムービーの活用	自社サイトのコンテンツの充実	広報・PR活動の重視
	全体	221	73.8	63.3	29.4	47.1	50.7	50.2	15.4	20.8	71.9	67.0
産業分野	エネルギー・素材	10	90.0	100.0	30.0	90.0	50.0	60.0	30.0	50.0	100.0	80.0
	食品・飲料	32	81.3	56.3	37.5	46.9	46.9	40.6	9.4	15.6	68.8	65.6
	医薬品・医療用品	9	77.8	66.7	11.1	55.6	44.4	55.6	22.2	22.2	55.6	55.6
	化粧品・トイレタリー	9	77.8	55.6	33.3	44.4	55.6	55.6	44.4	55.6	100.0	88.9
	ファッション	9	55.6	55.6	22.2	55.6	33.3	33.3	11.1	11.1	77.8	77.8
	出版	3	-	66.7	-	-	33.3	-	-	-	66.7	33.3
	産業機械	4	75.0	100.0	25.0	50.0	25.0	25.0	-	-	50.0	75.0
	精密・事務機器・文具	6	100.0	66.7	50.0	50.0	66.7	66.7	50.0	33.3	66.7	83.3
	電気機器・AV機器	13	53.8	84.6	30.8	53.8	61.5	69.2	23.1	30.8	92.3	76.9
	自動車・関連品	6	83.3	66.7	33.3	66.7	66.7	66.7	33.3	50.0	83.3	83.3
	家庭用品・レジャー用品	2	50.0	-	-	50.0	50.0	50.0	-	-	100.0	100.0
	不動産	7	85.7	85.7	28.6	57.1	71.4	71.4	-	14.3	85.7	57.1
	建設・住宅設備	18	83.3	77.8	38.9	72.2	72.2	66.7	5.6	22.2	77.8	77.8
	商社・流通・小売業	33	63.6	54.5	30.3	39.4	27.3	33.3	12.1	6.1	57.6	39.4
	金融・保険	16	75.0	43.8	37.5	37.5	56.3	50.0	12.5	12.5	56.3	81.3
	輸送・物流	7	100.0	85.7	42.9	57.1	42.9	42.9	-	14.3	71.4	71.4
	情報・通信	13	92.3	76.9	23.1	46.2	69.2	61.5	-	23.1	76.9	69.2
	サービス・レジャー	24	58.3	41.7	12.5	12.5	54.2	54.2	25.0	25.0	66.7	62.5
取引対象	BtoB企業	66	72.7	80.3	37.9	62.1	50.0	54.5	15.2	30.3	84.8	78.8
	BtoC企業	155	74.2	56.1	25.8	40.6	51.0	48.4	15.5	16.8	66.5	61.9
外資系/一般	一般	215	74.9	64.7	29.3	47.0	51.2	50.7	15.3	20.9	72.6	67.0
	外資系	6	33.3	16.7	33.3	50.0	33.3	33.3	16.7	16.7	50.0	66.7
広告宣伝費	10億円未満	72	63.9	68.1	31.9	48.6	40.3	43.1	13.9	12.5	68.1	58.3
	10億～20億円未満	28	75.0	57.1	28.6	46.4	46.4	39.3	10.7	21.4	64.3	71.4
	20億～30億円未満	17	64.7	41.2	11.8	29.4	41.2	35.3	17.6	17.6	76.5	76.5
	30億～50億円未満	18	94.4	72.2	38.9	44.4	44.4	44.4	5.6	11.1	61.1	66.7
	50億～100億円未満	19	78.9	57.9	31.6	47.4	73.7	73.7	21.1	36.8	73.7	57.9
	100億以上	23	91.3	56.5	34.8	47.8	73.9	78.3	26.1	34.8	87.0	91.3
広告費前年比	99以下	49	71.4	59.2	20.4	53.1	49.0	46.9	18.4	20.4	67.3	59.2
	100	83	81.9	66.3	34.9	50.6	53.0	54.2	19.3	21.7	77.1	67.5
	101以上	59	72.9	64.4	35.6	39.0	50.8	49.2	10.2	22.0	71.2	76.3
広告費見通し	99以下	29	75.9	58.6	31.0	48.3	55.2	58.6	17.2	13.8	72.4	58.6
	100	107	77.6	61.7	32.7	44.9	45.8	46.7	15.0	19.6	72.9	65.4
	101以上	50	74.0	74.0	32.0	56.0	60.0	58.0	18.0	30.0	74.0	76.0
ブランディング	重視していない	10	50.0	10.0	-	-	30.0	20.0	10.0	10.0	50.0	30.0
	重視している	142	70.4	66.2	28.9	42.3	45.1	44.4	10.6	14.1	64.8	66.2
	非常に重視している	69	84.1	65.2	34.8	63.8	65.2	66.7	26.1	36.2	89.9	73.9
統合戦略	導入	118	78.0	60.2	26.3	42.4	63.6	60.2	21.2	26.3	75.4	74.6
	非導入	94	69.1	69.1	34.0	53.2	34.0	37.2	9.6	16.0	68.1	58.5

*** 第42回 広告動態調査 *** 2017年12月

1-1SQ1. 企業ブランディング（企業ブランドの構築・維持・拡張など）の活動。≪行っている活動≫（複数回答）

		総数	OOH(屋外広告・交通広告の活用)	イベントの実施	SNSの活用	各種メディアの統合的な活用	マス広告とデジタルの融合	コミュニケーション内容の一貫性(主張の一貫性)	企業のビジョン／アイデンティティの明確化	ブランドストーリーの形成	ブランドの世界観の形成	長期的な視点を持つこと
	全体	221	38.0	43.4	59.7	34.4	30.3	40.7	51.6	31.7	34.4	40.7
産業分野	エネルギー・素材	10	80.0	50.0	70.0	30.0	30.0	60.0	60.0	30.0	20.0	50.0
	食品・飲料	32	28.1	40.6	50.0	31.3	40.6	46.9	59.4	46.9	53.1	46.9
	医薬品・医療用品	9	44.4	33.3	22.2	33.3	22.2	44.4	77.8	55.6	44.4	66.7
	化粧品・トイレタリー	9	44.4	55.6	55.6	44.4	44.4	66.7	77.8	55.6	55.6	33.3
	ファッション	9	33.3	33.3	55.6	11.1	11.1	22.2	33.3	22.2	22.2	22.2
	出版	3	-	33.3	66.7	-	-	33.3	-	-	-	-
	産業機械	4	25.0	50.0	-	-	-	50.0	25.0	-	25.0	50.0
	精密・事務機器・文具	6	66.7	83.3	83.3	50.0	50.0	66.7	66.7	33.3	50.0	33.3
	電気機器・AV機器	13	61.5	61.5	76.9	61.5	53.8	46.2	69.2	53.8	53.8	53.8
	自動車・関連品	6	50.0	33.3	66.7	33.3	50.0	50.0	66.7	66.7	66.7	66.7
	家庭用品・レジャー用品	2	50.0	-	50.0	-	50.0	50.0	-	50.0	50.0	50.0
	不動産	7	57.1	57.1	57.1	28.6	42.9	57.1	71.4	28.6	42.9	42.9
	建設・住宅設備	18	22.2	44.4	50.0	27.8	27.8	38.9	66.7	22.2	33.3	50.0
	商社・流通・小売業	33	9.1	45.5	51.5	27.3	15.2	15.2	33.3	15.2	15.2	27.3
	金融・保険	16	56.3	25.0	68.8	43.8	31.3	43.8	50.0	31.3	37.5	43.8
	輸送・物流	7	28.6	14.3	42.9	42.9	-	14.3	28.6	14.3	14.3	28.6
	情報・通信	13	69.2	61.5	92.3	46.2	38.5	46.2	46.2	23.1	23.1	38.5
	サービス・レジャー	24	33.3	37.5	79.2	41.7	29.2	41.7	41.7	25.0	25.0	33.3
取引対象	BtoB企業	66	53.0	43.9	48.5	31.8	30.3	50.0	62.1	37.9	31.8	45.5
	BtoC企業	155	31.6	43.2	64.5	35.5	30.3	36.8	47.1	29.0	35.5	38.7
外資系／一般	一般	215	38.6	43.7	59.5	34.4	30.7	41.4	51.6	31.6	34.4	40.5
	外資系	6	16.7	33.3	66.7	33.3	16.7	16.7	50.0	33.3	33.3	50.0
広告宣伝費	10億円未満	72	33.3	43.1	59.7	25.0	18.1	34.7	45.8	22.2	20.8	38.9
	10億〜20億円未満	28	35.7	50.0	57.1	35.7	17.9	35.7	42.9	25.0	25.0	32.1
	20億〜30億円未満	17	29.4	41.2	70.6	29.4	29.4	35.3	58.8	35.3	41.2	52.9
	30億〜50億円未満	18	44.4	44.4	44.4	38.9	33.3	38.9	61.1	44.4	50.0	44.4
	50億〜100億円未満	19	47.4	68.4	73.7	47.4	47.4	57.9	68.4	31.6	42.1	36.8
	100億以上	23	47.8	39.1	73.9	43.5	52.2	47.8	56.5	47.8	47.8	47.8
広告費前年比	99以下	49	24.5	36.7	59.2	38.8	40.8	44.9	51.0	28.6	30.6	38.8
	100	83	38.6	50.6	66.3	28.9	28.9	38.6	57.8	37.3	36.1	41.0
	101以上	59	44.1	35.6	50.8	39.0	28.8	39.0	50.8	30.5	35.6	45.8
広告費見通し	99以下	29	34.5	41.4	55.2	44.8	37.9	37.9	51.7	41.4	48.3	55.2
	100	107	40.2	41.1	62.6	29.0	27.1	41.1	54.2	31.8	29.9	35.5
	101以上	50	28.0	46.0	54.0	40.0	40.0	40.0	54.0	32.0	38.0	48.0
ブランディング	重視していない	10	20.0	30.0	50.0	-	10.0	10.0	30.0	-	10.0	20.0
	重視している	142	33.1	35.2	53.5	26.8	22.5	30.3	42.3	21.8	25.4	31.0
	非常に重視している	69	50.7	62.3	73.9	55.1	49.3	66.7	73.9	56.5	56.5	63.8
統合戦略	導入	118	42.4	46.6	66.1	46.6	44.9	45.8	55.1	38.1	42.4	45.8
	非導入	94	33.0	40.4	53.2	21.3	12.8	34.0	46.8	22.3	23.4	35.1

- 27 -

*** 第42回　広告動態調査　***　2017年12月

1-1SQ1. 企業ブランディング（企業ブランドの構築・維持・拡張など）の活動。≪行っている活動≫（複数回答）

		総数	社内における部門間の連携や調整	ステークホルダー（消費者一般・地域住民・株主・取引企業・自治体・NPO/NGO・就職希望者・従業員）との対話	好ましいレピュテーション（社会的評判）の獲得
	全体	221	45.2	37.6	32.1
産業分野	エネルギー・素材	10	70.0	50.0	50.0
	食品・飲料	32	37.5	46.9	21.9
	医薬品・医療用品	9	66.7	22.2	11.1
	化粧品・トイレタリー	9	44.4	44.4	44.4
	ファッション	9	44.4	11.1	33.3
	出版	3	33.3	33.3	-
	産業機械	4	75.0	50.0	-
	精密・事務機器・文具	6	66.7	33.3	66.7
	電気機器・AV機器	13	69.2	69.2	53.8
	自動車・関連品	6	50.0	66.7	66.7
	家庭用品・レジャー用品	2	50.0	-	-
	不動産	7	42.9	28.6	28.6
	建設・住宅設備	18	44.4	50.0	55.6
	商社・流通・小売業	33	24.2	21.2	18.2
	金融・保険	16	25.0	37.5	31.3
	輸送・物流	7	42.9	57.1	57.1
	情報・通信	13	69.2	30.8	23.1
	サービス・レジャー	24	45.8	25.0	25.0
取引対象	BtoB企業	66	62.1	45.5	37.9
	BtoC企業	155	38.1	34.2	29.7
一般/外資系	一般	215	45.6	37.7	32.1
	外資系	6	33.3	33.3	33.3
広告宣伝費	10億円未満	72	47.2	30.6	26.4
	10億～20億円未満	28	35.7	32.1	25.0
	20億～30億円未満	17	52.9	17.6	52.9
	30億～50億円未満	18	50.0	50.0	33.3
	50億～100億円未満	19	31.6	31.6	26.3
	100億以上	23	52.2	60.9	34.8
広告費前年比	99以下	49	42.9	38.8	34.7
	100	83	48.2	38.6	28.9
	101以上	59	44.1	37.3	39.0
広告費見通し	99以下	29	24.1	41.4	24.1
	100	107	47.7	35.5	30.8
	101以上	50	52.0	42.0	44.0
ブランディング	重視していない	10	40.0	20.0	-
	重視している	142	38.0	33.8	28.9
	非常に重視している	69	60.9	47.8	43.5
統合戦略	導入	118	48.3	39.8	37.3
	非導入	94	41.5	34.0	26.6

*** 第42回　広告動態調査　***　2017年12月

1-1SQ1. 企業ブランディング（企業ブランドの構築・維持・拡張など）の活動。≪重視している活動≫（複数回答）

		総数	テレビCMの出稿	新聞広告の出稿	ラジオCMの出稿	雑誌広告の出稿	インターネット広告の出稿（スマートフォン）	インターネット広告の出稿（パソコン）	ペイドパブリシティ、ネイティブアドの活用	ブランデッドムービーの活用	自社サイトのコンテンツの充実	広報・PR活動の重視
	全体	221	37.6	12.2	1.8	3.6	11.8	10.0	1.8	4.5	22.2	19.5
産業分野	エネルギー・素材	10	40.0	10.0	10.0	-	10.0	10.0	10.0	20.0	40.0	20.0
	食品・飲料	32	37.5	9.4	-	-	3.1	-	-	3.1	15.6	21.9
	医薬品・医療用品	9	44.4	11.1	-	11.1	11.1	11.1	-	-	11.1	-
	化粧品・トイレタリー	9	66.7	11.1	-	11.1	11.1	11.1	11.1	11.1	11.1	22.2
	ファッション	9	22.2	11.1	-	-	-	-	-	-	22.2	11.1
	出版	3	-	33.3	-	-	-	-	-	-	66.7	33.3
	産業機械	4	25.0	50.0	-	-	-	-	-	-	-	-
	精密・事務機器・文具	6	16.7	-	-	-	16.7	16.7	-	16.7	33.3	33.3
	電気機器・AV機器	13	23.1	15.4	15.4	7.7	15.4	15.4	-	23.1	38.5	30.8
	自動車・関連品	6	33.3	16.7	-	-	33.3	33.3	16.7	16.7	66.7	33.3
	家庭用品・レジャー用品	2	50.0	-	-	-	50.0	50.0	-	-	50.0	50.0
	不動産	7	57.1	28.6	-	14.3	42.9	28.6	-	-	28.6	14.3
	建設・住宅設備	18	44.4	5.6	-	11.1	11.1	16.7	-	5.6	11.1	27.8
	商社・流通・小売業	33	27.3	6.1	-	-	6.1	3.0	-	-	12.1	6.1
	金融・保険	16	50.0	12.5	-	-	6.3	12.5	6.3	-	12.5	18.8
	輸送・物流	7	42.9	14.3	-	-	-	-	-	-	14.3	28.6
	情報・通信	13	53.8	23.1	7.7	-	15.4	15.4	-	-	38.5	30.8
	サービス・レジャー	24	33.3	12.5	-	4.2	20.8	16.7	4.2	-	25.0	16.7
取引対象	BtoB企業	66	33.3	18.2	4.5	3.0	12.1	13.6	1.5	12.1	27.3	21.2
	BtoC企業	155	39.4	9.7	0.6	3.9	11.6	8.4	1.9	1.3	20.0	18.7
外資系／一般	一般	215	37.7	12.6	1.9	3.7	11.6	9.8	1.4	4.7	21.9	19.1
	外資系	6	33.3	-	-	-	16.7	16.7	16.7	-	33.3	33.3
広告宣伝費	10億円未満	72	27.8	13.9	1.4	2.8	15.3	11.1	-	4.2	22.2	16.7
	10億～20億円未満	28	35.7	14.3	3.6	3.6	7.1	7.1	-	3.6	21.4	17.9
	20億～30億円未満	17	41.2	5.9	-	-	11.8	11.8	-	-	17.6	17.6
	30億～50億円未満	18	38.9	16.7	-	-	5.6	5.6	-	5.6	11.1	11.1
	50億～100億円未満	19	42.1	5.3	-	5.3	15.8	10.5	5.3	10.5	26.3	21.1
	100億以上	23	73.9	8.7	-	4.3	21.7	17.4	8.7	-	39.1	43.5
前年比広告費	99以下	49	32.7	8.2	2.0	2.0	8.2	10.2	2.0	4.1	24.5	18.4
	100	83	44.6	15.7	2.4	4.8	13.3	9.6	2.4	4.8	21.7	21.7
	101以上	59	42.4	10.2	1.7	3.4	11.9	6.8	1.7	5.1	22.0	18.6
見通し広告費	99以下	29	41.4	13.8	3.4	3.4	13.8	13.8	-	-	24.1	20.7
	100	107	38.3	12.1	2.8	2.8	10.3	8.4	1.9	4.7	21.5	18.7
	101以上	50	46.0	12.0	-	6.0	12.0	8.0	4.0	8.0	24.0	26.0
ブランディング	重視していない	10	40.0	-	-	-	10.0	10.0	-	-	20.0	-
	重視している	142	33.1	15.5	1.4	1.4	9.9	8.5	0.7	4.2	15.5	16.9
	非常に重視している	69	46.4	7.2	2.9	8.7	15.9	13.0	4.3	5.8	36.2	27.5
統合戦略	導入	118	36.4	10.2	0.8	4.2	11.9	10.2	3.4	4.2	27.1	23.7
	非導入	94	40.4	16.0	3.2	2.1	11.7	10.6	-	5.3	17.0	16.0

- 29 -

*** 第42回 広告動態調査 *** 2017年12月

1-1SQ1. 企業ブランディング（企業ブランドの構築・維持・拡張など）の活動。≪重視している活動≫（複数回答）

		総数	OOH(屋外広告・交通広告の活用)	イベントの実施	SNSの活用	各種メディアの統合的な活用	マス広告とデジタルの融合	コミュニケーション内容の一貫性(主張の一貫性)	企業のビジョン／アイデンティティの明確化	ブランドストーリーの形成	ブランドの世界観の形成	長期的な視点を持つこと
	全体	221	3.6	5.0	14.0	5.0	7.2	13.6	13.6	7.2	10.0	8.6
産業分野	エネルギー・素材	10	10.0	-	10.0	-	-	-	30.0	-	-	-
	食品・飲料	32	3.1	6.3	18.8	9.4	6.3	18.8	18.8	12.5	25.0	15.6
	医薬品・医療用品	9	-	-	11.1	-	-	22.2	22.2	22.2	-	11.1
	化粧品・トイレタリー	9	-	22.2	11.1	-	11.1	11.1	33.3	33.3	33.3	11.1
	ファッション	9	-	-	-	-	-	-	11.1	-	-	11.1
	出版	3	-	-	-	-	-	33.3	-	-	-	-
	産業機械	4	-	-	-	-	-	25.0	-	-	-	50.0
	精密・事務機器・文具	6	-	-	-	33.3	33.3	16.7	16.7	-	-	-
	電気機器・AV機器	13	-	7.7	30.8	15.4	-	15.4	30.8	15.4	23.1	7.7
	自動車・関連品	6	-	-	16.7	-	33.3	16.7	16.7	33.3	33.3	33.3
	家庭用品・レジャー用品	2	-	-	-	-	50.0	50.0	-	-	-	-
	不動産	7	-	-	14.3	14.3	14.3	28.6	14.3	14.3	14.3	28.6
	建設・住宅設備	18	5.6	5.6	16.7	-	-	22.2	16.7	-	-	11.1
	商社・流通・小売業	33	3.0	6.1	12.1	3.0	3.0	-	-	-	3.0	-
	金融・保険	16	6.3	-	25.0	6.3	12.5	31.3	12.5	12.5	18.8	12.5
	輸送・物流	7	14.3	-	14.3	-	-	-	14.3	-	-	-
	情報・通信	13	7.7	23.1	-	-	15.4	7.7	7.7	-	7.7	-
	サービス・レジャー	24	4.2	-	16.7	4.2	8.3	8.3	4.2	-	-	-
取引対象	BtoB企業	66	1.5	6.1	9.1	4.5	7.6	16.7	19.7	4.5	4.5	7.6
	BtoC企業	155	4.5	4.5	16.1	5.2	7.1	12.3	11.0	8.4	12.3	9.0
一般／外資系	一般	215	3.7	5.1	13.5	5.1	7.0	13.5	13.5	7.0	9.8	8.4
	外資系	6	-	-	33.3	-	16.7	16.7	16.7	16.7	16.7	16.7
広告宣伝費	10億円未満	72	4.2	5.6	13.9	2.8	2.8	12.5	9.7	4.2	4.2	9.7
	10億～20億円未満	28	-	7.1	14.3	7.1	3.6	10.7	3.6	-	3.6	3.6
	20億～30億円未満	17	-	-	11.8	-	-	-	17.6	-	-	-
	30億～50億円未満	18	-	5.6	5.6	-	11.1	5.6	5.6	5.6	11.1	5.6
	50億～100億円未満	19	-	10.5	26.3	5.3	10.5	26.3	36.8	10.5	15.8	10.5
	100億以上	23	4.3	4.3	26.1	13.0	26.1	26.1	17.4	26.1	34.8	21.7
前年広告費比	99以下	49	2.0	4.1	12.2	4.1	10.2	12.2	16.3	6.1	8.2	10.2
	100	83	3.6	7.2	16.9	3.6	6.0	14.5	14.5	7.2	14.5	6.0
	101以上	59	3.4	1.7	15.3	6.8	8.5	16.9	16.9	10.2	8.5	15.3
広告費見通し	99以下	29	-	3.4	17.2	3.4	17.2	24.1	13.8	10.3	27.6	13.8
	100	107	4.7	3.7	14.0	3.7	5.6	14.0	16.8	6.5	6.5	9.3
	101以上	50	2.0	6.0	16.0	6.0	6.0	10.0	14.0	10.0	10.0	6.0
ブランディング	重視していない	10	-	-	10.0	-	-	-	-	-	-	-
	重視している	142	3.5	2.1	9.2	2.1	3.5	6.3	7.0	2.8	4.9	6.3
	非常に重視している	69	4.3	11.6	24.6	11.6	15.9	30.4	29.0	17.4	21.7	14.5
統合戦略	導入	118	1.7	5.9	16.9	7.6	11.0	14.4	15.3	8.5	13.6	9.3
	非導入	94	5.3	4.3	11.7	1.1	1.1	10.6	10.6	6.4	6.4	7.4

*** 第42回 広告動態調査 *** 2017年12月

1-1SQ1. 企業ブランディング（企業ブランドの構築・維持・拡張など）の活動。≪重視している活動≫（複数回答）

		総数	社内における部門間の連携や調整	ステークホルダー（消費者一般・地域住民・株主・取引企業・自治体・NPO/NGO・就職希望者・従業員）との対話	好ましいレピュテーション（社会的評判）の獲得	無回答
	全体	221	6.8	9.0	7.2	23.5
産業分野	エネルギー・素材	10	20.0	10.0	10.0	10.0
	食品・飲料	32	3.1	-	6.3	18.8
	医薬品・医療用品	9	22.2	11.1	-	11.1
	化粧品・トイレタリー	9	22.2	11.1	22.2	11.1
	ファッション	9	0.0	-	-	66.7
	出版	3	0.0	-	-	-
	産業機械	4	0.0	-	-	25.0
	精密・事務機器・文具	6	0.0	-	16.7	16.7
	電気機器・AV機器	13	7.7	15.4	15.4	15.4
	自動車・関連品	6	0.0	33.3	50.0	-
	家庭用品・レジャー用品	2	0.0	-	-	-
	不動産	7	14.3	28.6	14.3	14.3
	建設・住宅設備	18	11.1	22.2	5.6	11.1
	商社・流通・小売業	33	3.0	6.1	-	42.4
	金融・保険	16	12.5	6.3	6.3	31.3
	輸送・物流	7	14.3	28.6	-	42.9
	情報・通信	13	0.0	7.7	7.7	7.7
	サービス・レジャー	24	0.0	4.2	4.2	29.2
取引対象	BtoB企業	66	9.1	10.6	6.1	21.2
	BtoC企業	155	5.8	8.4	7.7	24.5
外資系/一般	一般	215	7.0	8.8	7.0	23.3
	外資系	6	0.0	16.7	16.7	33.3
広告宣伝費	10億円未満	72	11.1	9.7	5.6	25.0
	10億～20億円未満	28	0.0	10.7	7.1	28.6
	20億～30億円未満	17	5.9	5.9	-	23.5
	30億～50億円未満	18	0.0	-	-	33.3
	50億～100億円未満	19	10.5	-	5.3	21.1
	100億以上	23	13.0	13.0	17.4	4.3
広告費前年比	99以下	49	8.2	10.2	10.2	24.5
	100	83	6.0	7.2	3.6	21.7
	101以上	59	10.2	11.9	11.9	16.9
広告費見通し	99以下	29	3.4	6.9	10.3	13.8
	100	107	8.4	9.3	7.5	21.5
	101以上	50	8.0	12.0	8.0	22.0
ブランディング	重視していない	10	0.0	10.0	-	30.0
	重視している	142	3.5	7.0	4.2	28.2
	非常に重視している	69	14.5	13.0	14.5	13.0
統合戦略	導入	118	6.8	7.6	11.9	23.7
	非導入	94	6.4	10.6	1.1	20.2

＊＊＊ 第42回 広告動態調査 ＊＊＊ 2017年12月

1-1SQ2. 企業ブランディング（企業ブランドの構築や維持、拡張など）の目的は何ですか。（複数回答）

		総数	顧客基盤の育成(ロイヤルティの構築)	製品販売の後押し	製品販売のための土壌づくり(市場での認知や理解の向上)	取引先(見込み取引先を含む)からの信頼獲得	ネット上(クチコミサイト・SNS・ブログなど)での信頼獲得	社会的な信頼獲得	リクルーティング対策(新卒・中途採用者の関心を得る)	株主や投資家との関係づくり(IR)	社員の士気向上	その他
	全体	221	76.5	56.6	61.1	44.8	29.0	70.6	48.0	39.4	56.1	0.5
産業分野	エネルギー・素材	10	90.0	70.0	60.0	80.0	30.0	90.0	90.0	70.0	80.0	-
	食品・飲料	32	87.5	56.3	78.1	43.8	21.9	75.0	21.9	28.1	43.8	-
	医薬品・医療用品	9	88.9	88.9	66.7	22.2	11.1	66.7	66.7	55.6	66.7	-
	化粧品・トイレタリー	9	77.8	55.6	44.4	66.7	44.4	88.9	66.7	55.6	88.9	-
	ファッション	9	66.7	33.3	66.7	33.3	22.2	66.7	44.4	44.4	33.3	-
	出版	3	33.3	66.7	33.3	-	-	33.3	33.3	-	33.3	-
	産業機械	4	50.0	75.0	75.0	50.0	-	75.0	75.0	75.0	50.0	-
	精密・事務機器・文具	6	66.7	66.7	50.0	33.3	50.0	50.0	50.0	50.0	66.7	16.7
	電気機器・AV機器	13	100.0	69.2	69.2	76.9	38.5	76.9	76.9	76.9	92.3	-
	自動車・関連品	6	83.3	83.3	83.3	66.7	66.7	100.0	83.3	83.3	83.3	-
	家庭用品・レジャー用品	2	100.0	100.0	50.0	50.0	-	-	50.0	-	-	-
	不動産	7	57.1	57.1	71.4	71.4	57.1	85.7	71.4	42.9	85.7	-
	建設・住宅設備	18	61.1	44.4	72.2	50.0	33.3	77.8	61.1	38.9	66.7	-
	商社・流通・小売業	33	81.8	42.4	42.4	30.3	21.2	72.7	30.3	27.3	30.3	-
	金融・保険	16	81.3	56.3	62.5	50.0	43.8	62.5	37.5	31.3	56.3	-
	輸送・物流	7	71.4	14.3	28.6	28.6	14.3	100.0	57.1	57.1	42.9	-
	情報・通信	13	69.2	53.8	61.5	53.8	7.7	69.2	38.5	30.8	53.8	-
	サービス・レジャー	24	62.5	66.7	58.3	25.0	37.5	41.7	41.7	16.7	58.3	-
取引対象	BtoB企業	66	66.7	56.1	59.1	63.6	19.7	77.3	74.2	60.6	77.3	-
	BtoC企業	155	80.6	56.8	61.9	36.8	32.9	67.7	36.8	30.3	47.1	0.6
外資系/一般	一般	215	76.3	56.7	60.9	45.6	28.4	71.6	48.4	40.0	56.3	0.5
	外資系	6	83.3	50.0	66.7	16.7	50.0	33.3	33.3	16.7	50.0	-
広告宣伝費	10億円未満	72	76.4	56.9	56.9	47.2	27.8	73.6	51.4	40.3	62.5	1.4
	10億～20億円未満	28	71.4	42.9	60.7	50.0	32.1	60.7	64.3	39.3	57.1	-
	20億～30億円未満	17	76.5	70.6	52.9	35.3	29.4	58.8	41.2	35.3	58.8	-
	30億～50億円未満	18	77.8	50.0	61.1	44.4	5.6	83.3	61.1	44.4	66.7	-
	50億～100億円未満	19	84.2	68.4	52.6	21.1	36.8	73.7	31.6	21.1	36.8	-
	100億以上	23	95.7	65.2	78.3	60.9	52.2	69.6	47.8	52.2	60.9	-
前年比広告費	99以下	49	79.6	59.2	57.1	38.8	36.7	71.4	38.8	40.8	55.1	-
	100	83	80.7	59.0	61.4	44.6	25.3	66.3	51.8	37.3	61.4	1.2
	101以上	59	74.6	54.2	57.6	47.5	28.8	74.6	55.9	39.0	50.8	-
見通し広告費	99以下	29	89.7	58.6	65.5	44.8	41.4	86.2	41.4	34.5	41.4	-
	100	107	78.5	56.1	54.2	41.1	27.1	66.4	52.3	36.4	58.9	0.9
	101以上	50	78.0	60.0	66.0	46.0	26.0	68.0	46.0	44.0	60.0	-
ブランディング	重視していない	10	40.0	60.0	40.0	20.0	20.0	40.0	20.0	20.0	40.0	-
	重視している	142	73.2	54.2	57.0	40.8	19.7	67.6	44.4	33.1	48.6	-
	非常に重視している	69	88.4	60.9	72.5	56.5	49.3	81.2	59.4	55.1	73.9	1.4
統合戦略	導入	118	79.7	57.6	61.9	50.0	33.9	72.0	50.0	40.7	59.3	0.8
	非導入	94	74.5	54.3	58.5	40.4	22.3	68.1	47.9	39.4	55.3	-

*** 第42回 広告動態調査 *** 2017年12月

1-1SQ2. 企業ブランディング(企業ブランドの構築や維持、拡張など)の目的は何ですか。(複数回答)

		総数	無回答
	全体	221	0.9
産業分野	エネルギー・素材	10	-
	食品・飲料	32	-
	医薬品・医療用品	9	-
	化粧品・トイレタリー	9	-
	ファッション	9	-
	出版	3	-
	産業機械	4	-
	精密・事務機器・文具	6	-
	電気機器・AV機器	13	-
	自動車・関連品	6	-
	家庭用品・レジャー用品	2	-
	不動産	7	-
	建設・住宅設備	18	5.6
	商社・流通・小売業	33	-
	金融・保険	16	-
	輸送・物流	7	-
	情報・通信	13	-
	サービス・レジャー	24	4.2
取引対象	BtoB企業	66	-
	BtoC企業	155	1.3
外資系／一般	一般	215	0.9
	外資系	6	-
広告宣伝費	10億円未満	72	-
	10億～20億円未満	28	-
	20億～30億円未満	17	-
	30億～50億円未満	18	-
	50億～100億円未満	19	-
	100億以上	23	-
広告費前年比	99以下	49	2.0
	100	83	1.2
	101以上	59	-
広告費見通し	99以下	29	3.4
	100	107	0.9
	101以上	50	-
ブランディング	重視していない	10	-
	重視している	142	1.4
	非常に重視している	69	-
統合戦略	導入	118	0.8
	非導入	94	1.1

*** 第42回 広告動態調査 *** 2017年12月

1-2. 広告・マーケティング活動において、長期的なブランディング（商品ブランドを含む）と短期的な販売促進のどちらを重視していますか。

		総数	ブランディングよりも、販売促進を重視している	販売促進よりも、ブランディングを重視している	ブランディングと販売促進を同程度重視している	ブランディングと販売促進のどちらも重視していない	無回答
	全体	243	24.7	15.6	56.0	0.4	3.3
産業分野	エネルギー・素材	10	-	50.0	40.0	-	10.0
	食品・飲料	33	9.1	12.1	72.7	-	6.1
	医薬品・医療用品	10	30.0	10.0	60.0	-	-
	化粧品・トイレタリー	9	-	11.1	88.9	-	-
	ファッション	10	50.0	10.0	40.0	-	-
	出版	5	60.0	20.0	20.0	-	-
	産業機械	4	-	-	100.0	-	-
	精密・事務機器・文具	7	14.3	28.6	57.1	-	-
	電気機器・AV機器	13	15.4	38.5	46.2	-	-
	自動車・関連品	6	-	-	100.0	-	-
	家庭用品・レジャー用品	2	-	50.0	50.0	-	-
	不動産	8	12.5	12.5	62.5	-	12.5
	建設・住宅設備	21	19.0	14.3	57.1	4.8	4.8
	商社・流通・小売業	38	44.7	2.6	47.4	-	5.3
	金融・保険	19	21.1	36.8	42.1	-	-
	輸送・物流	7	-	42.9	57.1	-	-
	情報・通信	16	25.0	-	68.8	-	6.3
	サービス・レジャー	25	52.0	8.0	40.0	-	-
取引対象	BtoB企業	69	13.0	26.1	55.1	1.4	4.3
	BtoC企業	174	29.3	11.5	56.3	-	2.9
一般／外資系	一般	237	24.9	15.2	56.1	0.4	3.4
	外資系	6	16.7	33.3	50.0	-	-
広告宣伝費	10億円未満	85	34.1	15.3	48.2	1.2	1.2
	10億～20億円未満	31	32.3	16.1	48.4	-	3.2
	20億～30億円未満	18	38.9	16.7	44.4	-	-
	30億～50億円未満	19	26.3	21.1	52.6	-	-
	50億～100億円未満	21	14.3	9.5	66.7	-	9.5
	100億以上	23	4.3	8.7	87.0	-	-
広告費前年比	99以下	53	32.1	9.4	54.7	-	3.8
	100	94	19.1	16.0	60.6	-	4.3
	101以上	64	26.6	21.9	48.4	1.6	1.6
広告費見通し	99以下	35	25.7	2.9	65.7	-	5.7
	100	114	22.8	21.1	53.5	0.9	1.8
	101以上	55	30.9	12.7	52.7	-	3.6
ブランディング	重視していない	31	71.0	-	19.4	3.2	6.5
	重視している	142	24.6	11.3	60.6	-	3.5
	非常に重視している	69	4.3	31.9	63.8	-	-
統合戦略	導入	124	19.4	18.5	60.5	-	1.6
	非導入	107	29.9	13.1	51.4	0.9	4.7

*** 第42回 広告動態調査 *** 2017年12月

F. 貴社の2016年度(2016年4月－2017年3月に到来した決算期)の広告宣伝費を教えてください。

		総数	10億円未満	10億～20億円未満	20億～30億円未満	30億～50億円未満	50億～100億円未満	100億以上	平均(億円)
	全体	197	43.1	15.7	9.1	9.6	10.7	11.7	40.8
産業分野	エネルギー・素材	8	62.5	12.5	12.5	12.5	-	-	12.4
	食品・飲料	21	19.0	19.0	-	19.0	19.0	23.8	73.3
	医薬品・医療用品	9	55.6	11.1	11.1	11.1	11.1	-	20.6
	化粧品・トイレタリー	8	-	12.5	12.5	-	25.0	50.0	162.3
	ファッション	9	22.2	11.1	33.3	11.1	11.1	11.1	36.8
	出版	3	66.7	-	-	-	33.3	-	20.1
	産業機械	4	100.0	-	-	-	-	-	6.1
	精密・事務機器・文具	7	57.1	-	14.3	14.3	14.3	-	22.1
	電気機器・AV機器	7	42.9	14.3	-	14.3	14.3	14.3	47.8
	自動車・関連品	4	-	25.0	-	-	25.0	50.0	115.7
	家庭用品・レジャー用品	1	100.0	-	-	-	-	-	4.0
	不動産	7	71.4	14.3	-	-	14.3	-	14.9
	建設・住宅設備	16	62.5	18.8	6.3	-	-	12.5	41.3
	商社・流通・小売業	36	50.0	13.9	8.3	13.9	8.3	5.6	28.0
	金融・保険	17	29.4	23.5	5.9	11.8	5.9	23.5	45.9
	輸送・物流	5	40.0	-	20.0	20.0	-	20.0	38.4
	情報・通信	14	50.0	28.6	-	14.3	7.1	-	17.2
	サービス・レジャー	21	38.1	19.0	23.8	-	14.3	4.8	26.2
取引対象	BtoB企業	52	55.8	21.2	3.8	9.6	7.7	1.9	19.5
	BtoC企業	145	38.6	13.8	11.0	9.7	11.7	15.2	48.4
外資系／一般	一般	192	43.8	15.1	9.4	9.9	10.9	10.9	40.3
	外資系	5	20.0	40.0	-	-	-	40.0	58.9
広告宣伝費	10億円未満	85	100.0	-	-	-	-	-	5.1
	10億～20億円未満	31	-	100.0	-	-	-	-	14.0
	20億～30億円未満	18	-	-	100.0	-	-	-	24.7
	30億～50億円未満	19	-	-	-	100.0	-	-	37.6
	50億～100億円未満	21	-	-	-	-	100.0	-	69.7
	100億以上	23	-	-	-	-	-	100.0	197.3
前年広告費比	99以下	42	38.1	14.3	11.9	7.1	16.7	11.9	41.9
	100	81	45.7	11.1	7.4	8.6	9.9	17.3	53.1
	101以上	56	41.1	19.6	10.7	16.1	7.1	5.4	27.3
広告費見通し	99以下	31	35.5	16.1	-	9.7	19.4	19.4	58.5
	100	97	45.4	11.3	13.4	7.2	9.3	13.4	44.9
	101以上	44	40.9	18.2	9.1	18.2	9.1	4.5	27.7
ブランディング	重視していない	29	51.7	20.7	13.8	6.9	6.9	-	14.9
	重視している	113	47.8	12.4	7.1	13.3	9.7	9.7	34.7
	非常に重視している	54	29.6	20.4	11.1	3.7	13.0	22.2	66.8
統合戦略	導入	101	30.7	14.9	10.9	8.9	16.8	17.8	57.5
	非導入	89	57.3	14.6	7.9	11.2	3.4	5.6	23.8

＊＊＊ 第42回 広告動態調査 ＊＊＊ 2017年12月

2-1. 2016年度の広告宣伝費を100とすると、2017年度の実績見込みはどのくらいですか。

		総数	79以下	80～89	90～99	100	101～110	111～120	121以上	平均
	総数欄は広告費累積額(億円)									
	全体	7,591.4	1.4	5.0	16.9	56.7	13.0	3.2	3.9	100.0
産業分野	エネルギー・素材	98.9	0.5	1.3	42.4	40.0	-	15.8	-	98.0
	食品・飲料	1,540.0	1.2	-	25.5	60.3	9.2	-	3.9	98.4
	医薬品・医療用品	185.2	1.3	-	40.7	42.3	11.1	4.6	-	98.5
	化粧品・トイレタリー	1,283.6	-	-	-	71.8	28.2	-	-	101.5
	ファッション	250.4	12.8	9.1	9.4	59.0	9.7	-	-	92.6
	出版	60.3	-	-	86.7	5.0	8.3	-	-	97.8
	産業機械	15.1	-	-	33.1	-	61.6	-	5.3	106.3
	精密・事務機器・文具	155.0	-	-	51.3	48.7	-	-	-	97.4
	電気機器・AV機器	160.7	-	-	5.5	57.0	37.1	-	0.3	104.2
	自動車・関連品	462.6	-	-	43.2	22.2	-	-	34.6	106.1
	家庭用品・レジャー用品	4.0	-	-	-	-	100.0	-	-	103.0
	不動産	84.4	-	-	-	95.4	4.6	-	-	100.5
	建設・住宅設備	660.1	-	-	-	94.4	0.4	0.7	4.6	102.5
	商社・流通・小売業	971.8	-	-	19.9	54.9	17.4	6.2	1.6	101.5
	金融・保険	767.1	2.8	3.5	13.0	58.5	22.2	-	-	97.6
	輸送・物流	192.1	15.1	64.0	-	18.9	0.3	-	1.6	81.3
	情報・通信	170.9	-	8.8	4.7	57.5	-	21.7	7.3	112.0
	サービス・レジャー	529.2	0.1	35.7	18.8	18.0	3.0	21.7	2.8	99.5
取引対象	BtoB企業	800.8	2.6	1.8	13.2	52.8	9.8	13.0	6.7	104.4
	BtoC企業	6,790.6	1.2	5.3	17.3	57.2	13.4	2.0	3.6	99.4
外資系／一般	一般	7,296.9	1.4	5.0	17.3	57.6	13.6	3.3	1.9	99.4
	外資系	294.5	-	4.6	7.1	34.0	-	-	54.3	114.8
広告宣伝費	10億円未満	375.3	0.9	0.3	19.4	51.0	14.0	4.8	9.5	105.5
	10億～20億円未満	369.3	5.0	11.3	7.8	35.9	18.9	7.0	14.2	107.4
	20億～30億円未満	414.8	12.1	10.3	5.4	38.0	16.9	17.3	-	93.8
	30億～50億円未満	715.1	4.5	-	10.6	38.2	30.5	9.5	6.7	102.5
	50億～100億円未満	1,352.8	-	-	36.0	44.1	15.7	4.2	-	99.8
	100億以上	4,364.1	-	6.7	13.6	67.6	8.4	-	3.7	99.1
前年広告費比	99以下	1,761.4	5.9	21.4	72.7	-	-	-	-	87.5
	100	4,303.7	-	-	-	100.0	-	-	-	100.0
	101以上	1,526.3	-	-	-	-	64.8	15.8	19.4	114.2
広告費見通し	99以下	1,814.1	-	9.3	48.5	31.6	7.2	2.0	1.4	96.1
	100	4,353.9	0.6	4.1	6.1	72.2	10.1	2.5	4.3	101.2
	101以上	1,220.1	6.5	2.3	11.0	42.4	24.4	7.7	5.7	99.6
ブランディング	重視していない	414.9	5.2	4.8	16.0	26.2	37.9	7.5	2.4	100.2
	重視している	3,555.8	1.0	5.3	23.0	46.8	16.6	4.5	2.7	99.7
	非常に重視している	3,545.7	1.3	4.8	9.0	71.3	6.8	1.4	5.4	100.3
統合戦略	導入	5,441.9	1.8	6.0	18.8	51.1	14.7	2.7	4.8	99.5
	非導入	2,047.7	0.2	2.4	9.6	73.1	9.1	4.6	1.1	100.7

＊＊＊ 第42回 広告動態調査 ＊＊＊ 2017年12月

2-2. 2017年度の広告宣伝費を100とすると、2018年度の広告予算見通しはどのくらいですか。

総数欄は広告費累積額（億円）

		総数	79以下	80～89	90～99	100	101～110	111～120	121以上	平均
	全体	7,364.0	0.2	2.1	21.3	59.8	14.6	1.2	0.6	99.6
産業分野	エネルギー・素材	91.3	-	-	41.3	53.1	-	-	5.6	106.3
	食品・飲料	1,475.1	-	-	51.4	28.1	19.1	-	1.3	98.7
	医薬品・医療用品	182.3	-	-	-	84.3	15.7	-	-	100.5
	化粧品・トイレタリー	1,302.5	-	-	-	78.6	21.4	-	-	101.1
	ファッション	231.8	-	-	2.6	81.2	16.2	-	-	101.0
	出版	59.0	-	-	86.0	5.1	8.9	-	-	97.0
	産業機械	16.1	-	-	29.6	-	-	6.7	63.7	118.8
	精密・事務機器・文具	151.0	-	-	-	25.1	74.9	-	-	105.0
	電気機器・AV機器	167.5	-	-	2.3	84.1	-	11.0	2.6	102.9
	自動車・関連品	490.6	-	-	55.6	44.4	-	-	-	95.4
	家庭用品・レジャー用品	4.1	-	-	-	100.0	-	-	-	100.0
	不動産	84.8	-	-	4.0	96.0	-	-	-	99.8
	建設・住宅設備	676.7	2.3	-	-	95.0	0.4	2.3	-	99.7
	商社・流通・小売業	983.0	-	2.5	20.3	56.2	16.8	3.6	0.6	100.2
	金融・保険	624.8	-	14.4	12.1	66.1	7.4	-	-	97.5
	輸送・物流	156.2	-	-	-	94.2	-	5.4	0.4	101.3
	情報・通信	140.6	-	30.3	5.2	50.3	5.7	8.5	-	95.4
	サービス・レジャー	526.5	-	-	28.5	50.5	21.0	-	-	99.7
取引対象	BtoB企業	830.1	1.9	2.9	3.0	70.6	17.8	0.9	2.9	102.0
	BtoC企業	6,534.0	-	2.0	23.7	58.5	14.2	1.3	0.3	99.3
外資系/一般	一般	7,025.9	0.2	2.2	22.3	58.3	15.0	1.3	0.7	99.6
	外資系	338.2	-	-	1.1	91.1	7.8	-	-	100.7
広告宣伝費	10億円未満	379.5	4.0	-	15.5	57.7	10.9	4.9	7.0	103.0
	10億～20億円未満	346.1	-	7.0	13.5	49.6	16.0	8.2	5.7	105.1
	20億～30億円未満	389.3	-	-	-	76.4	21.4	2.2	-	101.1
	30億～50億円未満	692.1	-	6.1	10.4	40.9	37.4	5.2	-	101.5
	50億～100億円未満	1,349.9	-	-	29.7	50.0	20.3	-	-	99.9
	100億以上	4,207.2	-	2.1	23.6	65.6	8.7	-	-	98.3
前年広告費比	99以下	1,541.3	-	5.8	55.7	26.8	9.8	1.3	0.6	96.7
	100	4,234.3	-	-	13.5	74.3	12.1	-	0.1	99.9
	101以上	1,588.4	1.0	4.2	8.8	53.5	26.1	4.5	2.0	101.8
広告費見通し	99以下	1,742.6	0.9	9.0	90.1	-	-	-	-	92.6
	100	4,406.5	-	-	-	100.0	-	-	-	100.0
	101以上	1,215.0	-	-	-	-	88.7	7.5	3.8	108.3
ブランディング	重視していない	392.8	-	-	21.4	37.9	31.6	9.1	-	102.6
	重視している	3,496.8	0.4	1.9	20.2	62.4	13.3	0.7	1.0	99.5
	非常に重視している	3,403.3	-	2.6	20.8	61.0	14.4	0.9	0.3	99.5
統合戦略	導入	5,215.0	-	2.5	24.4	55.3	16.3	0.8	0.7	99.4
	非導入	2,059.3	0.7	-	11.8	73.7	10.8	2.4	0.5	100.5

*** 第42回 広告動態調査 *** 2017年12月

2-3. 広告予算をどのように決めていますか。適用している方法を教えてください。（複数回答）

		総数	前期の広告予算実績に基づいて	前期の売上高に基づいて	前期の利益に基づいて	競合企業の出稿状況に合わせて	ゼロベースで必要なものを積み上げる	予算期内の予想売上高に基づいて	予算期内の予想利益に基づいて	各事業部や商品について提示された要求に基づいて	商品、社名の認知率など目標を設定し、それに応じて	予算設定モデルを使って
	全体	243	74.1	25.5	21.4	8.2	15.2	28.0	37.9	25.1	13.2	2.5
産業分野	エネルギー・素材	10	80.0	30.0	30.0	10.0	20.0	10.0	20.0	20.0	20.0	-
	食品・飲料	33	54.5	27.3	30.3	9.1	9.1	45.5	57.6	33.3	15.2	-
	医薬品・医療用品	10	90.0	50.0	30.0	10.0	10.0	40.0	50.0	20.0	30.0	-
	化粧品・トイレタリー	9	55.6	22.2	44.4	22.2	-	44.4	44.4	33.3	44.4	-
	ファッション	10	90.0	50.0	30.0	20.0	10.0	40.0	60.0	30.0	-	-
	出版	5	40.0	40.0	-	-	20.0	-	20.0	-	-	-
	産業機械	4	75.0	25.0	25.0	-	-	-	-	-	-	25.0
	精密・事務機器・文具	7	85.7	14.3	14.3	-	14.3	14.3	28.6	28.6	14.3	-
	電気機器・AV機器	13	84.6	23.1	15.4	-	38.5	15.4	23.1	30.8	-	-
	自動車・関連品	6	83.3	33.3	33.3	-	33.3	16.7	16.7	-	33.3	16.7
	家庭用品・レジャー用品	2	50.0	-	-	-	-	50.0	50.0	-	-	-
	不動産	8	100.0	12.5	25.0	-	12.5	25.0	37.5	50.0	12.5	-
	建設・住宅設備	21	85.7	9.5	9.5	14.3	19.0	19.0	23.8	28.6	19.0	-
	商社・流通・小売業	38	78.9	21.1	18.4	5.3	13.2	34.2	42.1	13.2	2.6	5.3
	金融・保険	19	84.2	21.1	15.8	10.5	15.8	10.5	26.3	21.1	10.5	5.3
	輸送・物流	7	42.9	-	14.3	-	28.6	-	28.6	57.1	14.3	-
	情報・通信	16	56.3	18.8	12.5	6.3	18.8	31.3	37.5	31.3	18.8	-
	サービス・レジャー	25	76.0	44.0	24.0	12.0	12.0	36.0	44.0	24.0	12.0	4.0
取引対象	BtoB企業	69	82.6	18.8	17.4	7.2	21.7	13.0	30.4	21.7	11.6	2.9
	BtoC企業	174	70.7	28.2	23.0	8.6	12.6	33.9	40.8	26.4	13.8	2.3
外資系/一般	一般	237	74.3	25.3	21.5	8.4	15.2	28.3	37.6	25.7	13.1	2.1
	外資系	6	66.7	33.3	16.7	-	16.7	16.7	50.0	-	16.7	16.7
広告宣伝費	10億円未満	85	78.8	20.0	17.6	4.7	12.9	14.1	29.4	24.7	10.6	1.2
	10億〜20億円未満	31	71.0	25.8	19.4	12.9	16.1	32.3	41.9	25.8	12.9	6.5
	20億〜30億円未満	18	77.8	33.3	11.1	22.2	16.7	44.4	55.6	38.9	16.7	-
	30億〜50億円未満	19	63.2	21.1	21.1	10.5	15.8	47.4	57.9	31.6	21.1	5.3
	50億〜100億円未満	21	90.5	19.0	19.0	9.5	14.3	42.9	28.6	23.8	4.8	-
	100億以上	23	56.5	30.4	43.5	4.3	13.0	26.1	47.8	21.7	17.4	8.7
前年広告費比	99以下	53	66.0	28.3	22.6	3.8	22.6	35.8	35.8	15.1	5.7	3.8
	100	94	78.7	26.6	23.4	6.4	13.8	22.3	28.7	26.6	12.8	-
	101以上	64	75.0	25.0	17.2	14.1	10.9	29.7	53.1	31.3	21.9	6.3
広告費見通し	99以下	35	65.7	37.1	28.6	8.6	14.3	37.1	40.0	20.0	11.4	5.7
	100	114	79.8	26.3	22.8	7.0	12.3	26.3	31.6	22.8	13.2	1.8
	101以上	55	70.9	20.0	10.9	9.1	20.0	21.8	47.3	32.7	14.5	1.8
ブランディング	重視していない	31	77.4	35.5	25.8	12.9	12.9	19.4	41.9	19.4	3.2	3.2
	重視している	142	71.8	22.5	16.9	8.5	14.1	26.8	36.6	24.6	12.7	1.4
	非常に重視している	69	76.8	27.5	29.0	5.8	18.8	33.3	37.7	29.0	18.8	4.3
統合戦略	導入	124	71.8	26.6	26.6	8.9	18.5	30.6	41.9	28.2	17.7	2.4
	非導入	107	78.5	20.6	14.0	7.5	12.1	25.2	34.6	21.5	7.5	2.8

*** 第42回 広告動態調査 *** 2017年12月

2-3. 広告予算をどのように決めていますか。適用している方法を教えてください。(複数回答)

		総数	その他	無回答
	全体	243	2.1	1.6
産業分野	エネルギー・素材	10	10.0	-
	食品・飲料	33	-	3.0
	医薬品・医療用品	10	20.0	-
	化粧品・トイレタリー	9	11.1	-
	ファッション	10	-	-
	出版	5	-	-
	産業機械	4	-	-
	精密・事務機器・文具	7	-	-
	電気機器・AV機器	13	-	7.7
	自動車・関連品	6	-	-
	家庭用品・レジャー用品	2	-	-
	不動産	8	-	-
	建設・住宅設備	21	-	-
	商社・流通・小売業	38	-	-
	金融・保険	19	-	-
	輸送・物流	7	-	14.3
	情報・通信	16	-	6.3
	サービス・レジャー	25	4.0	-
取引対象	BtoB企業	69	1.4	2.9
	BtoC企業	174	2.3	1.1
外資系/一般	一般	237	2.1	1.7
	外資系	6	-	-
広告宣伝費	10億円未満	85	1.2	-
	10億～20億円未満	31	-	3.2
	20億～30億円未満	18	5.6	-
	30億～50億円未満	19	-	-
	50億～100億円未満	21	4.8	-
	100億以上	23	4.3	4.3
広告費前年比	99以下	53	3.8	-
	100	94	2.1	1.1
	101以上	64	1.6	-
広告費見通し	99以下	35	-	-
	100	114	3.5	0.9
	101以上	55	1.8	1.8
ブランディング	重視していない	31	3.2	-
	重視している	142	1.4	2.8
	非常に重視している	69	2.9	-
統合戦略	導入	124	2.4	2.4
	非導入	107	1.9	-

*** 第42回　広告動態調査　***　2017年12月

2-4. 貴社の2017年度業績は当初予想に比べて、どうなりそうか教えてください。（複数回答）

		総数	当初予想より売上高が増えそう	当初予想より利益が増えそう	おおむね当初予想通り	当初予想より売上高が減りそう	当初予想より利益が減りそう	無回答
	全体	243	22.2	20.6	48.6	14.0	8.6	8.6
産業分野	エネルギー・素材	10	20.0	40.0	30.0	20.0	−	10.0
	食品・飲料	33	15.2	9.1	60.6	15.2	15.2	6.1
	医薬品・医療用品	10	40.0	20.0	40.0	20.0	10.0	−
	化粧品・トイレタリー	9	33.3	22.2	55.6	−	−	11.1
	ファッション	10	20.0	30.0	30.0	40.0	10.0	10.0
	出版	5	−	−	60.0	40.0	20.0	−
	産業機械	4	50.0	50.0	25.0	−	−	−
	精密・事務機器・文具	7	−	14.3	42.9	42.9	42.9	−
	電気機器・AV機器	13	38.5	46.2	38.5	−	−	15.4
	自動車・関連品	6	50.0	50.0	33.3	−	16.7	−
	家庭用品・レジャー用品	2	−	50.0	50.0	50.0	−	−
	不動産	8	25.0	25.0	50.0	−	−	25.0
	建設・住宅設備	21	19.0	23.8	57.1	9.5	4.8	4.8
	商社・流通・小売業	38	26.3	13.2	42.1	15.8	10.5	13.2
	金融・保険	19	15.8	15.8	57.9	5.3	−	15.8
	輸送・物流	7	28.6	28.6	14.3	14.3	−	14.3
	情報・通信	16	−	6.3	81.3	−	−	12.5
	サービス・レジャー	25	28.0	20.0	44.0	20.0	16.0	−
取引対象	BtoB企業	69	27.5	30.4	49.3	8.7	4.3	7.2
	BtoC企業	174	20.1	16.7	48.3	16.1	10.3	9.2
外資系／一般	一般	237	21.9	20.7	48.5	14.3	8.4	8.9
	外資系	6	33.3	16.7	50.0	−	16.7	−
広告宣伝費	10億円未満	85	25.9	27.1	48.2	9.4	8.2	7.1
	10億〜20億円未満	31	16.1	3.2	54.8	9.7	6.5	19.4
	20億〜30億円未満	18	11.1	16.7	33.3	27.8	22.2	5.6
	30億〜50億円未満	19	26.3	26.3	36.8	26.3	10.5	10.5
	50億〜100億円未満	21	28.6	19.0	42.9	23.8	19.0	−
	100億以上	23	26.1	26.1	47.8	8.7	4.3	8.7
前年広告費比	99以下	53	20.8	26.4	39.6	30.2	17.0	−
	100	94	18.1	14.9	57.4	9.6	6.4	9.6
	101以上	64	31.3	25.0	43.8	9.4	9.4	7.8
広告費見通し	99以下	35	22.9	17.1	48.6	22.9	11.4	2.9
	100	114	17.5	19.3	52.6	14.0	10.5	6.1
	101以上	55	34.5	27.3	40.0	12.7	9.1	7.3
ブランディング	重視していない	31	12.9	9.7	45.2	22.6	19.4	9.7
	重視している	142	25.4	20.4	47.9	12.0	7.7	9.9
	非常に重視している	69	20.3	26.1	50.7	14.5	5.8	5.8
統合戦略	導入	124	23.4	21.8	48.4	14.5	8.9	6.5
	非導入	107	21.5	20.6	52.3	13.1	7.5	6.5

*** 第42回 広告動態調査 *** 2017年12月

2-5. 貴社の広告宣伝費のうち企業広告(商品ではなく企業そのものを訴える広告)の比率はどのくらいですか。

総数欄は広告費累積額(億円)

		総数	0〜4%	5〜9%	10〜19%	20〜39%	40〜59%	60〜79%	80〜100%	平均
	全体	6,892.2	36.4	17.9	22.8	12.6	2.6	3.0	4.7	14.5
産業分野	エネルギー・素材	98.9	-	47.5	0.5	-	-	-	52.0	54.7
	食品・飲料	1,540.0	51.2	14.6	24.3	7.3	2.7	-	-	7.3
	医薬品・医療用品	178.7	28.9	61.7	-	-	-	1.4	7.9	11.7
	化粧品・トイレタリー	748.0	40.1	49.4	10.5	-	-	-	-	4.4
	ファッション	279.8	9.9	10.5	25.7	53.9	-	-	-	14.7
	出版	60.3	95.0	-	5.0	-	-	-	-	0.5
	産業機械	15.1	-	-	-	-	33.1	66.9	-	57.2
	精密・事務機器・文具	155.0	-	25.2	-	-	69.9	4.9	-	37.5
	電気機器・AV機器	160.7	9.3	-	59.5	30.9	-	-	0.3	14.7
	自動車・関連品	462.6	-	34.6	20.0	43.2	2.2	-	-	14.5
	家庭用品・レジャー用品	4.0	-	100.0	-	-	-	-	-	5.0
	不動産	70.9	4.8	-	-	-	-	-	95.2	90.2
	建設・住宅設備	643.9	3.5	2.4	41.6	43.4	1.5	1.1	6.6	25.0
	商社・流通・小売業	807.3	77.8	12.4	9.1	0.7	-	-	-	2.2
	金融・保険	767.1	39.2	16.5	15.9	7.6	0.3	7.5	13.0	22.2
	輸送・物流	192.1	-	-	64.0	1.6	-	34.0	0.3	28.3
	情報・通信	184.1	53.1	-	3.7	4.4	2.9	29.8	6.0	27.0
	サービス・レジャー	523.7	41.4	1.2	50.0	-	-	-	7.4	12.6
取引対象	BtoB企業	797.0	3.0	13.8	26.9	7.7	13.2	13.3	22.1	41.3
	BtoC企業	6,095.2	40.8	18.4	22.2	13.2	1.3	1.6	2.5	11.0
外資系/一般	一般	6,597.7	37.8	16.2	22.0	13.2	2.8	3.1	4.9	14.8
	外資系	294.5	4.6	54.3	41.1	-	-	-	-	8.6
広告宣伝費	10億円未満	363.7	33.4	8.4	15.7	10.9	6.5	9.7	15.4	29.0
	10億〜20億円未満	346.0	40.4	15.1	25.2	-	2.9	-	16.4	20.0
	20億〜30億円未満	444.2	53.7	6.6	10.2	-	6.5	11.3	11.7	23.2
	30億〜50億円未満	678.1	20.5	32.5	11.8	11.5	6.0	17.7	-	19.3
	50億〜100億円未満	1,412.8	36.5	18.0	26.4	9.1	5.5	-	4.4	13.9
	100億以上	3,647.4	37.1	17.7	25.4	17.0	-	-	2.7	10.9
前年広告費比	99以下	1,761.4	35.1	11.7	27.5	12.1	4.8	3.0	5.8	15.6
	100	3,526.3	38.6	10.3	26.9	13.7	2.5	3.8	4.1	15.2
	101以上	1,485.4	30.5	42.6	8.3	11.4	0.7	1.2	5.3	12.6
広告費見通し	99以下	1,777.1	52.2	3.9	18.4	19.0	0.3	-	6.2	12.6
	100	3,592.1	23.4	26.0	25.8	13.2	1.6	4.2	5.8	17.0
	101以上	1,220.1	52.5	7.0	24.9	4.7	6.4	4.5	0.1	11.1
ブランディング	重視していない	390.8	79.2	8.4	3.9	-	3.0	5.4	-	6.6
	重視している	3,402.4	38.3	18.4	19.1	13.2	2.7	4.2	4.1	13.7
	非常に重視している	3,024.0	27.2	18.9	29.9	13.8	2.6	1.4	6.2	16.8
統合戦略	導入	4,781.1	37.3	20.9	21.8	10.2	2.8	3.2	3.8	13.1
	非導入	2,032.7	32.9	10.6	25.7	18.7	2.4	2.5	7.1	18.4

＊＊＊ 第42回 広告動態調査 ＊＊＊ 2017年12月

3-1. 2017年度(実績見込み)の広告宣伝費(媒体費)の配分割合を教えてください。(平均%)

総数欄は広告費累積額(億円)

		総数	新聞	雑誌	テレビ地上波	テレビBS、CSなど	ラジオ	OOH(屋外広告・交通広告)	ダイレクトメール	見本市・展示会・イベント	折り込みチラシ	インターネット(モバイル除く)
	全体	7,441.1	5.6	2.9	44.1	2.4	1.3	4.0	2.8	4.1	8.2	9.0
産業分野	エネルギー・素材	98.9	5.4	3.0	41.8	2.8	2.5	3.6	8.6	16.7	3.4	5.3
	食品・飲料	1,532.5	3.6	1.8	55.7	2.0	1.7	6.5	0.1	2.1	0.1	6.6
	医薬品・医療用品	178.7	4.2	5.5	68.6	0.1	-	2.1	-	2.9	0.1	5.6
	化粧品・トイレタリー	1,283.6	2.0	4.2	73.1	1.1	0.3	2.3	-	0.6	0.9	7.4
	ファッション	273.3	2.1	10.8	10.9	1.2	0.2	10.1	14.3	2.4	23.5	10.8
	出版	60.3	31.1	3.3	26.1	-	2.7	2.8	0.5	3.1	0.2	2.3
	産業機械	15.1	32.1	17.2	9.5	9.9	1.7	7.8	-	18.5	-	-
	精密・事務機器・文具	155.0	1.4	2.6	35.8	0.2	1.1	0.6	-	28.4	-	9.4
	電気機器・AV機器	160.7	2.7	1.9	20.7	0.4	1.0	1.1	0.0	53.6	-	6.4
	自動車・関連品	462.6	3.3	2.3	49.8	2.2	2.1	1.6	0.3	2.0	1.4	18.6
	家庭用品・レジャー用品	4.0	3.0	2.0	25.0	5.0	1.0	30.0	-	4.0	-	20.0
	不動産	80.5	7.6	3.2	62.4	-	0.8	4.2	0.2	0.2	4.1	16.1
	建設・住宅設備	643.9	7.4	3.2	14.7	13.7	0.7	1.2	3.7	8.1	19.3	5.4
	商社・流通・小売業	775.0	7.3	0.9	12.9	0.1	0.2	4.6	8.5	2.1	46.3	6.9
	金融・保険	767.2	3.7	1.1	52.0	1.4	2.2	2.9	1.4	0.9	0.0	12.6
	輸送・物流	192.1	14.1	6.6	38.2	0.1	4.7	10.1	-	0.9	-	9.8
	情報・通信	216.4	18.2	3.4	32.2	3.1	5.3	6.5	-	4.9	0.4	5.7
	サービス・レジャー	541.3	12.4	1.5	31.3	1.9	0.6	3.6	10.4	0.3	7.0	16.0
取引対象	BtoB企業	793.9	8.3	3.6	35.9	1.7	2.7	4.2	0.3	18.9	0.0	9.8
	BtoC企業	6,647.2	5.3	2.8	45.0	2.5	1.1	4.0	3.1	2.3	9.2	8.9
外資系/一般	一般	7,146.6	5.7	2.9	43.3	2.3	1.3	4.2	2.8	4.2	8.5	8.9
	外資系	294.5	2.7	2.7	63.4	4.8	1.4	0.9	1.5	1.4	2.2	11.6
広告宣伝費	10億円未満	367.5	9.9	6.6	24.1	2.8	2.4	4.6	4.3	7.1	11.6	11.8
	10億～20億円未満	342.9	6.1	4.6	33.0	3.6	2.6	2.7	1.9	4.4	12.6	11.0
	20億～30億円未満	419.7	2.6	4.8	41.5	1.5	0.2	3.7	5.6	2.4	14.2	9.5
	30億～50億円未満	715.1	5.7	2.1	36.8	0.4	2.3	4.0	4.1	7.4	17.7	7.1
	50億～100億円未満	1,412.9	4.6	2.8	38.7	1.8	1.3	3.2	0.9	9.1	7.5	10.3
	100億以上	4,183.0	5.8	2.4	50.0	3.0	1.0	4.4	2.8	1.6	5.6	8.4
前年広告費比	99以下	1,754.9	9.0	2.2	32.4	1.2	1.1	5.1	4.6	5.5	8.5	11.5
	100	4,073.0	4.9	3.1	47.5	3.3	1.3	3.6	2.2	4.0	8.1	7.3
	101以上	1,482.7	3.3	2.1	50.1	1.6	1.4	4.0	2.2	2.5	8.7	9.8
広告費見通し	99以下	1,792.5	7.0	1.9	39.1	0.8	1.2	5.3	3.8	3.4	7.9	9.5
	100	4,146.2	5.5	2.8	46.9	3.1	1.4	3.8	2.6	4.1	8.8	8.2
	101以上	1,188.1	4.4	3.6	45.7	2.9	0.9	3.3	2.5	5.2	8.7	10.4
ブランディング	重視していない	398.5	6.8	2.3	14.5	-	0.5	6.2	7.3	2.7	30.0	13.0
	重視している	3,399.0	6.0	2.5	45.6	1.6	1.5	5.0	2.5	3.0	7.2	9.6
	非常に重視している	3,568.6	5.2	3.3	46.6	3.6	1.1	2.9	2.6	5.3	5.3	8.1
統合戦略	導入	5,362.6	4.8	3.1	49.0	1.4	1.3	4.5	2.3	3.9	3.7	9.8
	非導入	2,021.8	7.1	2.3	31.4	5.1	1.1	2.7	4.1	4.4	20.3	7.2

*** 第42回 広告動態調査 *** 2017年12月

3-1. 2017年度(実績見込み)の広告宣伝費(媒体費)の配分割合を教えてください。(平均%)

		総数	モバイル	その他
総数欄は広告費累積額(億円)				
全体		7,441.1	6.5	9.2
産業分野	エネルギー・素材	98.9	1.7	5.0
	食品・飲料	1,532.5	4.0	15.9
	医薬品・医療用品	178.7	7.4	3.4
	化粧品・トイレタリー	1,283.6	5.1	3.0
	ファッション	273.3	5.4	8.3
	出版	60.3	6.3	21.7
	産業機械	15.1	-	3.3
	精密・事務機器・文具	155.0	4.5	15.8
	電気機器・AV機器	160.7	3.6	8.6
	自動車・関連品	462.6	6.1	10.2
	家庭用品・レジャー用品	4.0	10.0	-
	不動産	80.5	-	1.2
	建設・住宅設備	643.9	0.7	22.0
	商社・流通・小売業	775.0	4.4	5.7
	金融・保険	767.2	17.5	4.3
	輸送・物流	192.1	6.7	8.8
	情報・通信	216.4	14.1	6.2
	サービス・レジャー	541.3	11.7	3.3
取引対象	BtoB企業	793.9	4.5	9.9
	BtoC企業	6,647.2	6.7	9.1
外資系/一般	一般	7,146.6	6.4	9.6
	外資系	294.5	7.4	-
広告宣伝費	10億円未満	367.5	7.6	7.2
	10億～20億円未満	342.9	9.8	7.5
	20億～30億円未満	419.7	5.4	8.5
	30億～50億円未満	715.1	5.1	7.2
	50億～100億円未満	1,412.9	7.2	12.6
	100億以上	4,183.0	6.2	8.8
広告費前年比	99以下	1,754.9	6.1	12.8
	100	4,073.0	4.9	9.7
	101以上	1,482.7	10.0	4.2
広告費見通し	99以下	1,792.5	4.2	16.1
	100	4,146.2	5.1	7.8
	101以上	1,188.1	7.6	4.9
ブランディング	重視していない	398.5	9.3	7.4
	重視している	3,399.0	5.6	10.0
	非常に重視している	3,568.6	7.1	8.8
統合戦略	導入	5,362.6	7.3	8.8
	非導入	2,021.8	4.4	9.8

*** 第42回 広告動態調査 *** 2017年12月

3-1. 媒体ごとの回答企業の割合

		総数	新聞	雑誌	テレビ地上波	テレビBS、CSなど	ラジオ	OOH(屋外広告・交通広告)	ダイレクトメール	見本市・展示会・イベント	折り込みチラシ	インターネット(モバイル除く)
	全体	210	74.3	65.7	75.2	32.4	45.2	60.0	28.1	48.1	34.8	79.0
産業分野	エネルギー・素材	10	80.0	70.0	90.0	20.0	40.0	80.0	30.0	70.0	10.0	80.0
	食品・飲料	28	96.4	92.9	96.4	64.3	82.1	67.9	3.6	46.4	10.7	92.9
	医薬品・医療用品	9	66.7	77.8	88.9	33.3	-	44.4	-	44.4	11.1	77.8
	化粧品・トイレタリー	8	87.5	87.5	100.0	62.5	62.5	87.5	-	62.5	50.0	87.5
	ファッション	7	100.0	100.0	57.1	42.9	42.9	100.0	71.4	71.4	42.9	100.0
	出版	4	100.0	100.0	50.0	-	50.0	100.0	25.0	75.0	25.0	50.0
	産業機械	3	100.0	100.0	66.7	33.3	33.3	66.7	-	33.3	-	100.0
	精密・事務機器・文具	7	71.4	42.9	85.7	14.3	42.9	57.1	-	85.7	-	85.7
	電気機器・AV機器	12	91.7	66.7	50.0	50.0	33.3	66.7	16.7	75.0	8.3	83.3
	自動車・関連品	4	100.0	75.0	100.0	100.0	100.0	75.0	25.0	25.0	25.0	100.0
	家庭用品・レジャー用品	2	100.0	100.0	100.0	50.0	50.0	50.0	-	100.0	-	100.0
	不動産	5	80.0	80.0	80.0	20.0	20.0	60.0	20.0	20.0	40.0	80.0
	建設・住宅設備	18	77.8	88.9	88.9	44.4	44.4	55.6	55.6	66.7	50.0	83.3
	商社・流通・小売業	33	57.6	36.4	66.7	6.1	36.4	27.3	66.7	33.3	81.8	69.7
	金融・保険	18	55.6	44.4	61.1	22.2	44.4	77.8	22.2	33.3	16.7	83.3
	輸送・物流	6	100.0	66.7	100.0	16.7	100.0	83.3	-	33.3	-	83.3
	情報・通信	14	57.1	50.0	57.1	28.6	28.6	42.9	7.1	57.1	14.3	42.9
	サービス・レジャー	22	50.0	45.5	59.1	18.2	27.3	54.5	36.4	22.7	68.2	86.4
対象取引	BtoB企業	62	82.3	69.4	69.4	40.3	37.1	62.9	14.5	56.5	6.5	71.0
	BtoC企業	148	70.9	64.2	77.7	29.1	48.6	58.8	33.8	44.6	46.6	82.4
外資系/一般	一般	205	74.6	65.9	76.1	32.2	44.9	60.0	28.3	48.3	35.1	78.5
	外資系	5	60.0	60.0	40.0	40.0	60.0	60.0	20.0	40.0	20.0	100.0
広告宣伝費	10億円未満	75	65.3	62.7	62.7	17.3	34.7	50.7	36.0	56.0	40.0	69.3
	10億～20億円未満	25	60.0	48.0	76.0	36.0	60.0	44.0	20.0	32.0	28.0	80.0
	20億～30億円未満	17	64.7	52.9	64.7	23.5	29.4	64.7	41.2	35.3	41.2	76.5
	30億～50億円未満	19	84.2	78.9	84.2	36.8	57.9	68.4	31.6	47.4	36.8	73.7
	50億～100億円未満	20	95.0	75.0	95.0	50.0	65.0	70.0	15.0	60.0	40.0	95.0
	100億以上	21	85.7	76.2	95.2	52.4	61.9	81.0	23.8	33.3	38.1	100.0
前年比広告費	99以下	52	80.8	69.2	76.9	26.9	46.2	61.5	30.8	55.8	40.4	82.7
	100	86	73.3	65.1	77.9	32.6	52.3	58.1	33.7	50.0	37.2	77.9
	101以上	61	73.8	68.9	78.7	39.3	41.0	63.9	18.0	42.6	29.5	80.3
見通し広告費	99以下	33	81.8	75.8	87.9	30.3	57.6	60.6	36.4	57.6	45.5	84.8
	100	107	71.0	63.6	75.7	32.7	47.7	60.7	29.9	47.7	36.4	75.7
	101以上	52	84.6	73.1	73.1	38.5	40.4	61.5	21.2	48.1	28.8	84.6
ブランディング	重視していない	27	40.7	33.3	44.4	3.7	18.5	55.6	44.4	33.3	55.6	70.4
	重視している	119	79.0	70.6	78.2	33.6	48.7	62.2	27.7	48.7	34.5	77.3
	非常に重視している	63	79.4	71.4	82.5	42.9	49.2	58.7	20.6	52.4	25.4	85.7
統合戦略	導入	112	80.4	74.1	86.6	42.0	49.1	69.6	25.0	50.0	28.6	90.2
	非導入	94	68.1	55.3	61.7	22.3	40.4	47.9	31.9	45.7	42.6	67.0

- 44 -

*** 第42回 広告動態調査 *** 2017年12月

3-1. 媒体ごとの回答企業の割合

		総数	モバイル	その他
	全体	210	57.1	43.3
産業分野	エネルギー・素材	10	30.0	60.0
	食品・飲料	28	71.4	46.4
	医薬品・医療用品	9	55.6	33.3
	化粧品・トイレタリー	8	75.0	62.5
	ファッション	7	85.7	71.4
	出版	4	75.0	50.0
	産業機械	3	-	33.3
	精密・事務機器・文具	7	57.1	42.9
	電気機器・AV機器	12	66.7	41.7
	自動車・関連品	4	50.0	25.0
	家庭用品・レジャー用品	2	100.0	-
	不動産	5	20.0	20.0
	建設・住宅設備	18	55.6	38.9
	商社・流通・小売業	33	39.4	36.4
	金融・保険	18	72.2	50.0
	輸送・物流	6	50.0	50.0
	情報・通信	14	50.0	28.6
	サービス・レジャー	22	63.6	50.0
取引対象	BtoB企業	62	38.7	45.2
	BtoC企業	148	64.9	42.6
外資系／一般	一般	205	56.6	44.4
	外資系	5	80.0	-
広告宣伝費	10億円未満	75	42.7	41.3
	10億～20億円未満	25	60.0	32.0
	20億～30億円未満	17	70.6	47.1
	30億～50億円未満	19	57.9	52.6
	50億～100億円未満	20	70.0	50.0
	100億以上	21	81.0	61.9
広告費前年比	99以下	52	61.5	48.1
	100	86	55.8	47.7
	101以上	61	54.1	39.3
広告費見通し	99以下	33	57.6	39.4
	100	107	53.3	48.6
	101以上	52	61.5	36.5
ブランディング	重視していない	27	63.0	37.0
	重視している	119	52.1	43.7
	非常に重視している	63	65.1	46.0
統合戦略	導入	112	72.3	44.6
	非導入	94	38.3	41.5

*** 第42回 広告動態調査 *** 2017年12月

3-2. 広告媒体を選ぶ際、重視する点を教えてください。(複数回答)

		総数	過去の出稿実績	媒体の到達率	カバーエリアの効率性	視聴者・読者の年齢層や基本属性	視聴者・読者のライフスタイルや特性	番組・記事の特質や信頼性	発行部数など媒体データの明確さ	タイム・スペース確保の柔軟性	タイム・スペース料金、コストパフォーマンス	料金の値引
	全体	243	49.4	61.7	50.2	77.0	46.5	41.6	32.5	5.8	40.3	12.8
産業分野	エネルギー・素材	10	60.0	50.0	70.0	80.0	40.0	60.0	60.0	10.0	40.0	30.0
	食品・飲料	33	39.4	84.8	39.4	90.9	66.7	54.5	21.2	3.0	60.6	12.1
	医薬品・医療用品	10	80.0	80.0	60.0	100.0	60.0	80.0	20.0	10.0	60.0	30.0
	化粧品・トイレタリー	9	55.6	88.9	66.7	88.9	77.8	66.7	55.6	22.2	66.7	33.3
	ファッション	10	40.0	30.0	30.0	80.0	60.0	40.0	10.0	-	10.0	-
	出版	5	20.0	40.0	20.0	100.0	60.0	-	-	-	-	20.0
	産業機械	4	50.0	50.0	50.0	50.0	-	-	25.0	-	25.0	-
	精密・事務機器・文具	7	28.6	28.6	42.9	85.7	71.4	71.4	42.9	-	14.3	14.3
	電気機器・AV機器	13	46.2	76.9	69.2	84.6	61.5	46.2	53.8	15.4	61.5	23.1
	自動車・関連品	6	33.3	83.3	66.7	66.7	33.3	16.7	16.7	-	16.7	-
	家庭用品・レジャー用品	2	-	50.0	-	100.0	50.0	100.0	50.0	-	50.0	-
	不動産	8	87.5	25.0	25.0	87.5	37.5	75.0	62.5	-	12.5	12.5
	建設・住宅設備	21	71.4	57.1	42.9	81.0	52.4	42.9	23.8	4.8	33.3	9.5
	商社・流通・小売業	38	47.4	63.2	57.9	57.9	23.7	18.4	39.5	5.3	23.7	5.3
	金融・保険	19	36.8	63.2	68.4	78.9	52.6	42.1	36.8	-	42.1	10.5
	輸送・物流	7	28.6	42.9	57.1	57.1	-	57.1	-	14.3	-	-
	情報・通信	16	50.0	56.3	31.3	68.8	37.5	43.8	25.0	-	62.5	6.3
	サービス・レジャー	25	56.0	56.0	52.0	68.0	40.0	16.0	36.0	12.0	56.0	20.0
取引対象	BtoB企業	69	56.5	59.4	47.8	82.6	40.6	52.2	31.9	5.8	37.7	17.4
	BtoC企業	174	46.6	62.6	51.1	74.7	48.9	37.4	32.8	5.7	41.4	10.9
一般/外資系	一般	237	50.2	62.4	50.6	77.2	46.4	42.6	33.3	5.9	41.4	13.1
	外資系	6	16.7	33.3	33.3	66.7	50.0	-	-	-	-	-
広告宣伝費	10億円未満	85	60.0	56.5	41.2	67.1	34.1	37.6	36.5	2.4	30.6	16.5
	10億～20億円未満	31	45.2	61.3	54.8	71.0	41.9	38.7	35.5	6.5	58.1	12.9
	20億～30億円未満	18	44.4	55.6	72.2	72.2	50.0	27.8	22.2	16.7	44.4	11.1
	30億～50億円未満	19	36.8	68.4	63.2	94.7	42.1	31.6	31.6	21.1	47.4	15.8
	50億～100億円未満	21	47.6	61.9	52.4	90.5	81.0	52.4	23.8	-	42.9	19.0
	100億以上	23	47.8	78.3	60.9	82.6	52.2	52.2	43.5	8.7	56.5	8.7
広告費前年比	99以下	53	35.8	64.2	43.4	73.6	39.6	28.3	30.2	9.4	37.7	13.2
	100	94	55.3	60.6	56.4	83.0	51.1	45.7	35.1	4.3	37.2	12.8
	101以上	64	50.0	70.3	53.1	75.0	45.3	50.0	32.8	7.8	46.9	18.8
広告費見通し	99以下	35	42.9	85.7	60.0	71.4	42.9	45.7	40.0	11.4	40.0	14.3
	100	114	50.9	57.0	50.0	78.9	44.7	41.2	30.7	6.1	37.7	15.8
	101以上	55	45.5	65.5	45.5	80.0	50.9	41.8	32.7	5.5	45.5	10.9
ブランディング	重視していない	31	51.6	54.8	45.2	54.8	38.7	19.4	12.9	-	22.6	3.2
	重視している	142	50.0	63.4	49.3	77.5	40.8	41.5	31.7	4.9	39.4	16.9
	非常に重視している	69	47.8	60.9	53.6	87.0	62.3	52.2	43.5	10.1	50.7	8.7
統合戦略	導入	124	45.2	68.5	51.6	81.5	58.9	42.7	29.8	8.1	47.6	13.7
	非導入	107	56.1	53.3	48.6	70.1	32.7	39.3	33.6	3.7	32.7	11.2

*** 第42回 広告動態調査 *** 2017年12月

3-2. 広告媒体を選ぶ際、重視する点を教えてください。(複数回答)

		総数	広告予算との兼ね合い	資料請求の集計や広告効果測定など	社内の評価	競合他社の出稿状況	広告会社の出稿計画案	広告制作会社からの提案	媒体会社からのプロモーション	その他	無回答
	全体	243	62.6	28.8	21.4	21.4	16.5	17.3	8.6	0.4	0.8
産業分野	エネルギー・素材	10	80.0	40.0	40.0	40.0	30.0	40.0	10.0	-	-
	食品・飲料	33	63.6	18.2	18.2	6.1	6.1	18.2	12.1	-	-
	医薬品・医療用品	10	60.0	30.0	20.0	70.0	40.0	30.0	-	-	-
	化粧品・トイレタリー	9	44.4	55.6	33.3	33.3	44.4	44.4	33.3	-	-
	ファッション	10	70.0	10.0	20.0	30.0	20.0	20.0	10.0	-	-
	出版	5	40.0	-	-	-	-	-	-	-	-
	産業機械	4	25.0	25.0	-	-	25.0	25.0	-	-	-
	精密・事務機器・文具	7	28.6	14.3	-	-	14.3	14.3	-	-	14.3
	電気機器・AV機器	13	76.9	30.8	46.2	15.4	30.8	15.4	15.4	-	-
	自動車・関連品	6	50.0	16.7	-	-	16.7	16.7	-	-	16.7
	家庭用品・レジャー用品	2	50.0	-	-	-	-	-	-	-	-
	不動産	8	50.0	37.5	12.5	25.0	12.5	12.5	-	-	-
	建設・住宅設備	21	61.9	47.6	14.3	9.5	4.8	9.5	14.3	-	-
	商社・流通・小売業	38	63.2	18.4	26.3	28.9	10.5	5.3	2.6	2.6	-
	金融・保険	19	68.4	42.1	26.3	36.8	15.8	26.3	5.3	-	-
	輸送・物流	7	71.4	28.6	14.3	-	42.9	28.6	-	-	-
	情報・通信	16	68.8	18.8	31.3	25.0	6.3	18.8	-	-	-
	サービス・レジャー	25	68.0	44.0	16.0	20.0	20.0	12.0	20.0	-	-
取引対象	BtoB企業	69	68.1	30.4	31.9	20.3	15.9	14.5	4.3	-	-
	BtoC企業	174	60.3	28.2	17.2	21.8	16.7	18.4	10.3	0.6	1.1
外資系/一般	一般	237	63.3	28.7	21.9	21.9	16.9	17.7	8.9	0.4	0.4
	外資系	6	33.3	33.3	-	-	-	-	-	-	16.7
広告宣伝費	10億円未満	85	64.7	21.2	15.3	21.2	11.8	16.5	9.4	1.2	1.2
	10億〜20億円未満	31	61.3	38.7	29.0	29.0	12.9	19.4	12.9	-	-
	20億〜30億円未満	18	55.6	38.9	16.7	33.3	22.2	16.7	-	-	-
	30億〜50億円未満	19	89.5	21.1	36.8	31.6	26.3	26.3	5.3	-	-
	50億〜100億円未満	21	71.4	33.3	19.0	9.5	28.6	19.0	4.8	-	-
	100億以上	23	60.9	43.5	30.4	26.1	26.1	17.4	21.7	-	4.3
広告費前年比	99以下	53	62.3	30.2	26.4	24.5	15.1	15.1	11.3	-	1.9
	100	94	69.1	28.7	24.5	21.3	13.8	14.9	8.5	-	-
	101以上	64	60.9	31.3	20.3	21.9	25.0	28.1	9.4	-	1.6
広告費見通し	99以下	35	68.6	28.6	25.7	28.6	11.4	22.9	17.1	-	-
	100	114	64.0	28.1	21.9	23.7	16.7	12.3	8.8	-	1.8
	101以上	55	61.8	36.4	25.5	14.5	21.8	29.1	5.5	-	-
ブランディング	重視していない	31	54.8	16.1	16.1	41.9	6.5	16.1	3.2	-	-
	重視している	142	64.1	28.9	25.4	20.4	16.2	17.6	7.7	0.7	0.7
	非常に重視している	69	63.8	34.8	14.5	14.5	21.7	17.4	13.0	-	1.4
統合戦略	導入	124	67.7	36.3	21.0	21.0	21.8	21.8	14.5	-	1.6
	非導入	107	57.9	21.5	23.4	20.6	10.3	13.1	2.8	0.9	-

- 47 -

*** 第42回 広告動態調査 *** 2017年12月

3-3. 今後、貴社で利用が増えると見込む広告媒体を教えてください。(複数回答)

		総数	新聞	雑誌	テレビ 地上波	テレビ BS、CSなど	ラジオ	OOH（屋外広告・交通広告）	ダイレクトメール	見本市・展示会・イベント	折り込みチラシ	インターネット（モバイル除く）
	全体	243	11.9	5.8	25.1	11.5	6.6	18.1	10.7	22.2	4.9	67.5
産業分野	エネルギー・素材	10	-	10.0	20.0	-	10.0	10.0	10.0	10.0	10.0	80.0
	食品・飲料	33	18.2	6.1	18.2	24.2	6.1	18.2	-	30.3	6.1	60.6
	医薬品・医療用品	10	20.0	20.0	60.0	20.0	-	10.0	-	30.0	-	90.0
	化粧品・トイレタリー	9	11.1	-	33.3	11.1	22.2	44.4	-	22.2	11.1	55.6
	ファッション	10	20.0	10.0	10.0	-	10.0	20.0	40.0	10.0	10.0	80.0
	出版	5	-	-	-	-	-	-	-	20.0	-	40.0
	産業機械	4	50.0	-	50.0	-	-	25.0	-	25.0	-	50.0
	精密・事務機器・文具	7	28.6	14.3	-	-	28.6	-	-	42.9	14.3	42.9
	電気機器・AV機器	13	7.7	15.4	7.7	15.4	7.7	30.8	7.7	46.2	-	76.9
	自動車・関連品	6	-	-	16.7	-	-	-	-	16.7	-	83.3
	家庭用品・レジャー用品	2	-	-	50.0	-	-	100.0	50.0	50.0	-	100.0
	不動産	8	25.0	12.5	50.0	-	-	25.0	12.5	-	12.5	87.5
	建設・住宅設備	21	14.3	4.8	38.1	14.3	9.5	19.0	4.8	14.3	-	76.2
	商社・流通・小売業	38	5.3	2.6	36.8	10.5	7.9	10.5	31.6	26.3	10.5	76.3
	金融・保険	19	5.3	5.3	15.8	5.3	-	15.8	5.3	5.3	5.3	63.2
	輸送・物流	7	28.6	-	28.6	14.3	14.3	28.6	-	-	-	42.9
	情報・通信	16	18.8	6.3	12.5	18.8	6.3	12.5	-	37.5	-	50.0
	サービス・レジャー	25	-	-	20.0	12.0	-	24.0	16.0	16.0	-	60.0
取引対象	BtoB企業	69	23.2	13.0	21.7	11.6	7.2	26.1	4.3	18.8	2.9	65.2
	BtoC企業	174	7.5	2.9	26.4	11.5	6.3	14.9	13.2	23.6	5.7	68.4
外資系／一般	一般	237	12.2	5.9	25.3	11.8	6.8	18.6	11.0	22.8	5.1	67.9
	外資系	6	-	-	16.7	-	-	-	-	-	-	50.0
広告宣伝費	10億円未満	85	16.5	7.1	28.2	7.1	7.1	21.2	11.8	25.9	4.7	64.7
	10億〜20億円未満	31	3.2	3.2	29.0	9.7	3.2	6.5	9.7	22.6	3.2	54.8
	20億〜30億円未満	18	5.6	-	22.2	16.7	5.6	11.1	22.2	16.7	11.1	61.1
	30億〜50億円未満	19	21.1	15.8	42.1	21.1	10.5	31.6	15.8	21.1	10.5	63.2
	50億〜100億円未満	21	9.5	-	14.3	14.3	-	19.0	4.8	28.6	-	81.0
	100億以上	23	4.3	-	17.4	13.0	4.3	21.7	4.3	13.0	8.7	60.9
広告費前年比	99以下	53	9.4	3.8	20.8	11.3	3.8	13.2	13.2	17.0	5.7	67.9
	100	94	12.8	4.3	19.1	10.6	8.5	17.0	9.6	28.7	7.4	62.8
	101以上	64	12.5	7.8	43.8	18.8	9.4	29.7	9.4	20.3	1.6	68.8
広告費見通し	99以下	35	2.9	-	20.0	5.7	5.7	14.3	17.1	20.0	2.9	68.6
	100	114	13.2	3.5	23.7	12.3	5.3	19.3	8.8	20.2	6.1	63.2
	101以上	55	16.4	10.9	40.0	21.8	12.7	21.8	7.3	29.1	5.5	72.7
ブランディング	重視していない	31	6.5	12.9	16.1	6.5	3.2	12.9	16.1	19.4	9.7	54.8
	重視している	142	14.1	6.3	28.9	12.7	6.3	19.0	7.7	16.9	4.2	67.6
	非常に重視している	69	10.1	1.4	21.7	11.6	8.7	18.8	13.0	34.8	4.3	72.5
統合戦略	導入	124	10.5	3.2	25.0	12.9	4.8	21.8	10.5	25.8	3.2	67.7
	非導入	107	15.0	9.3	27.1	9.3	8.4	15.0	11.2	19.6	7.5	67.3

*＊＊ 第42回 広告動態調査 ＊＊＊ 2017年12月

3-3. 今後、貴社で利用が増えると見込む広告媒体を教えてください。(複数回答)

		総数	モバイル	その他	無回答
	全体	243	69.1	7.8	8.2
産業分野	エネルギー・素材	10	50.0	-	10.0
	食品・飲料	33	84.8	9.1	6.1
	医薬品・医療用品	10	80.0	10.0	-
	化粧品・トイレタリー	9	88.9	-	11.1
	ファッション	10	90.0	20.0	10.0
	出版	5	80.0	20.0	20.0
	産業機械	4	-	25.0	25.0
	精密・事務機器・文具	7	42.9	-	14.3
	電気機器・AV機器	13	69.2	7.7	7.7
	自動車・関連品	6	66.7	-	16.7
	家庭用品・レジャー用品	2	100.0	50.0	-
	不動産	8	87.5	-	-
	建設・住宅設備	21	52.4	9.5	4.8
	商社・流通・小売業	38	60.5	7.9	5.3
	金融・保険	19	73.7	5.3	5.3
	輸送・物流	7	28.6	-	14.3
	情報・通信	16	68.8	6.3	25.0
	サービス・レジャー	25	80.0	8.0	4.0
取引対象	BtoB企業	69	49.3	5.8	11.6
	BtoC企業	174	77.0	8.6	6.9
外資系／一般	一般	237	69.2	7.6	8.0
	外資系	6	66.7	16.7	16.7
広告宣伝費	10億円未満	85	56.5	9.4	10.6
	10億～20億円未満	31	61.3	9.7	12.9
	20億～30億円未満	18	77.8	11.1	5.6
	30億～50億円未満	19	78.9	10.5	-
	50億～100億円未満	21	95.2	4.8	-
	100億以上	23	82.6	4.3	8.7
広告費前年比	99以下	53	73.6	7.5	3.8
	100	94	68.1	10.6	9.6
	101以上	64	67.2	4.7	6.3
広告費見通し	99以下	35	65.7	8.6	8.6
	100	114	69.3	8.8	7.0
	101以上	55	70.9	7.3	5.5
ブランディング	重視していない	31	58.1	6.5	16.1
	重視している	142	65.5	7.7	7.7
	非常に重視している	69	81.2	8.7	5.8
統合戦略	導入	124	78.2	8.9	6.5
	非導入	107	59.8	5.6	8.4

＊＊＊ 第42回 広告動態調査 ＊＊＊ 2017年12月

3-3. 今後、貴社で利用が減ると見込む広告媒体を教えてください。（複数回答）

		総数	新聞	雑誌	テレビ地上波	テレビBS、CSなど	ラジオ	OOH（屋外広告・交通広告）	ダイレクトメール	見本市・展示会・イベント	折り込みチラシ	インターネット（モバイル除く）
	全体	243	39.5	40.7	21.8	20.6	28.4	21.8	22.2	17.3	33.3	3.3
産業分野	エネルギー・素材	10	60.0	60.0	30.0	20.0	40.0	20.0	10.0	30.0	20.0	-
	食品・飲料	33	33.3	42.4	24.2	21.2	33.3	27.3	27.3	15.2	27.3	-
	医薬品・医療用品	10	40.0	40.0	20.0	10.0	20.0	20.0	20.0	10.0	20.0	-
	化粧品・トイレタリー	9	22.2	44.4	44.4	22.2	11.1	11.1	33.3	11.1	33.3	-
	ファッション	10	40.0	50.0	20.0	30.0	30.0	40.0	10.0	30.0	30.0	-
	出版	5	20.0	20.0	20.0	20.0	20.0	40.0	20.0	20.0	20.0	-
	産業機械	4	25.0	75.0	-	50.0	50.0	25.0	50.0	25.0	50.0	25.0
	精密・事務機器・文具	7	14.3	14.3	28.6	14.3	14.3	28.6	14.3	14.3	-	-
	電気機器・AV機器	13	53.8	38.5	30.8	23.1	30.8	7.7	38.5	15.4	30.8	-
	自動車・関連品	6	33.3	50.0	33.3	16.7	16.7	33.3	16.7	16.7	16.7	-
	家庭用品・レジャー用品	2	50.0	100.0	50.0	50.0	50.0	-	-	-	50.0	-
	不動産	8	62.5	62.5	25.0	37.5	50.0	37.5	12.5	25.0	50.0	-
	建設・住宅設備	21	28.6	23.8	9.5	9.5	19.0	4.8	19.0	23.8	23.8	-
	商社・流通・小売業	38	55.3	47.4	15.8	26.3	36.8	26.3	23.7	13.2	57.9	5.3
	金融・保険	19	42.1	47.4	21.1	21.1	36.8	26.3	21.1	31.6	31.6	10.5
	輸送・物流	7	28.6	14.3	-	-	14.3	-	14.3	14.3	14.3	-
	情報・通信	16	37.5	43.8	25.0	12.5	18.8	31.3	25.0	12.5	25.0	6.3
	サービス・レジャー	25	32.0	24.0	24.0	20.0	20.0	12.0	20.0	8.0	44.0	8.0
取引対象	BtoB企業	69	29.0	37.7	18.8	13.0	20.3	10.1	17.4	13.0	15.9	2.9
	BtoC企業	174	43.7	42.0	23.0	23.6	31.6	26.4	24.1	19.0	40.2	3.4
外資系／一般	一般	237	39.7	40.5	21.5	20.3	28.3	21.5	21.9	16.9	33.3	3.4
	外資系	6	33.3	50.0	33.3	33.3	33.3	33.3	33.3	33.3	33.3	-
広告宣伝費	10億円未満	85	41.2	41.2	15.3	21.2	27.1	20.0	20.0	15.3	36.5	2.4
	10億〜20億円未満	31	38.7	29.0	22.6	16.1	32.3	22.6	12.9	9.7	19.4	3.2
	20億〜30億円未満	18	27.8	33.3	22.2	16.7	22.2	16.7	11.1	11.1	33.3	11.1
	30億〜50億円未満	19	47.4	52.6	10.5	21.1	52.6	31.6	36.8	21.1	42.1	-
	50億〜100億円未満	21	52.4	42.9	38.1	19.0	33.3	19.0	28.6	23.8	42.9	4.8
	100億以上	23	39.1	43.5	30.4	26.1	26.1	21.7	30.4	21.7	30.4	4.3
前年広告費比	99以下	53	47.2	41.5	28.3	26.4	34.0	26.4	24.5	32.1	43.4	3.8
	100	94	42.6	40.4	24.5	22.3	26.6	21.3	21.3	10.6	30.9	5.3
	101以上	64	35.9	46.9	12.5	15.6	32.8	18.8	26.6	17.2	35.9	1.6
広告費見通し	99以下	35	54.3	60.0	37.1	37.1	48.6	31.4	28.6	31.4	54.3	2.9
	100	114	37.7	35.1	19.3	14.9	21.9	14.0	18.4	14.0	29.8	4.4
	101以上	55	43.6	47.3	18.2	25.5	38.2	30.9	34.5	18.2	36.4	1.8
ブランディング	重視していない	31	38.7	29.0	22.6	29.0	35.5	25.8	25.8	25.8	38.7	6.5
	重視している	142	38.0	40.8	16.9	17.6	24.6	20.4	22.5	16.2	31.0	2.1
	非常に重視している	69	42.0	44.9	30.4	23.2	31.9	23.2	20.3	14.5	34.8	4.3
統合戦略	導入	124	41.9	48.4	29.8	25.8	33.1	22.6	25.0	18.5	36.3	4.0
	非導入	107	37.4	32.7	13.1	15.9	24.3	20.6	19.6	15.9	30.8	2.8

3-3. 今後、貴社で利用が減ると見込む広告媒体を教えてください。(複数回答)

		総数	モバイル	その他	無回答
	全体	243	3.3	11.9	38.3
産業分野	エネルギー・素材	10	-	10.0	30.0
	食品・飲料	33	-	12.1	42.4
	医薬品・医療用品	10	-	20.0	40.0
	化粧品・トイレタリー	9	-	33.3	33.3
	ファッション	10	-	10.0	30.0
	出版	5	-	-	40.0
	産業機械	4	50.0	25.0	-
	精密・事務機器・文具	7	-	14.3	57.1
	電気機器・AV機器	13	-	7.7	38.5
	自動車・関連品	6	-	16.7	33.3
	家庭用品・レジャー用品	2	-	-	-
	不動産	8	-	25.0	25.0
	建設・住宅設備	21	4.8	14.3	52.4
	商社・流通・小売業	38	10.5	7.9	28.9
	金融・保険	19	-	10.5	42.1
	輸送・物流	7	-	-	57.1
	情報・通信	16	6.3	18.8	37.5
	サービス・レジャー	25	-	4.0	44.0
取引対象	BtoB企業	69	4.3	8.7	46.4
	BtoC企業	174	2.9	13.2	35.1
外資系/一般	一般	237	3.4	11.8	38.0
	外資系	6	-	16.7	50.0
広告宣伝費	10億円未満	85	4.7	9.4	38.8
	10億～20億円未満	31	3.2	6.5	45.2
	20億～30億円未満	18	-	11.1	50.0
	30億～50億円未満	19	5.3	15.8	15.8
	50億～100億円未満	21	-	9.5	19.0
	100億以上	23	-	17.4	43.5
広告費前年比	99以下	53	5.7	15.1	28.3
	100	94	3.2	11.7	36.2
	101以上	64	3.1	12.5	39.1
広告費見通し	99以下	35	5.7	11.4	22.9
	100	114	2.6	11.4	41.2
	101以上	55	5.5	20.0	30.9
ブランディング	重視していない	31	3.2	12.9	51.6
	重視している	142	4.2	11.3	37.3
	非常に重視している	69	1.4	13.0	34.8
統合戦略	導入	124	2.4	14.5	29.8
	非導入	107	4.7	10.3	45.8

*** 第42回 広告動態調査 *** 2017年12月

3-4. 特に重要と考える（広告宣伝予算を減らされた際も極力減額しない）ものを教えてください。（最大3つまで）

		総数	新聞	雑誌	テレビ地上波	テレビBS、CSなど	ラジオ	屋外広告	交通広告	POP	ダイレクトメール	見本市・展示会・イベント
	全体	243	18.5	5.3	44.0	2.9	1.6	4.1	9.1	5.3	6.6	12.8
産業分野	エネルギー・素材	10	10.0	-	40.0	10.0	-	10.0	20.0	-	-	30.0
	食品・飲料	33	15.2	6.1	66.7	3.0	-	6.1	18.2	-	3.0	9.1
	医薬品・医療用品	10	10.0	20.0	60.0	-	-	-	-	20.0	-	10.0
	化粧品・トイレタリー	9	11.1	-	66.7	11.1	11.1	-	-	11.1	-	11.1
	ファッション	10	10.0	10.0	10.0	10.0	-	-	10.0	-	20.0	40.0	20.0
	出版	5	40.0	-	20.0	-	-	-	-	-	-	-
	産業機械	4	75.0	25.0	75.0	-	-	-	-	-	-	25.0
	精密・事務機器・文具	7	14.3	-	14.3	-	14.3	-	-	-	-	28.6
	電気機器・AV機器	13	15.4	-	38.5	-	-	15.4	7.7	-	7.7	61.5
	自動車・関連品	6	33.3	-	16.7	-	-	-	-	-	-	-
	家庭用品・レジャー用品	2	-	-	100.0	-	-	-	50.0	-	-	-
	不動産	8	37.5	-	50.0	-	-	-	-	-	-	-
	建設・住宅設備	21	14.3	9.5	38.1	-	4.8	9.5	4.8	-	-	9.5
	商社・流通・小売業	38	13.2	7.9	36.8	2.6	2.6	2.6	2.6	18.4	21.1	5.3
	金融・保険	19	21.1	5.3	47.4	10.5	-	-	15.8	-	-	-
	輸送・物流	7	85.7	-	71.4	-	-	-	28.6	-	-	-
	情報・通信	16	25.0	6.3	31.3	-	-	-	-	-	6.3	37.5
	サービス・レジャー	25	4.0	-	40.0	-	-	4.0	20.0	4.0	4.0	-
取引対象	BtoB企業	69	27.5	8.7	44.9	1.4	2.9	5.8	11.6	1.4	2.9	26.1
	BtoC企業	174	14.9	4.0	43.7	3.4	1.1	3.4	8.0	6.9	8.0	7.5
外資系／一般	一般	237	18.6	5.5	44.3	2.5	1.7	4.2	9.3	5.5	6.8	13.1
	外資系	6	16.7	-	33.3	16.7	-	-	-	-	-	-
広告宣伝費	10億円未満	85	17.6	8.2	31.8	3.5	2.4	5.9	9.4	4.7	8.2	16.5
	10億～20億円未満	31	16.1	6.5	38.7	3.2	-	-	3.2	9.7	-	16.1
	20億～30億円未満	18	16.7	5.6	44.4	5.6	5.6	-	-	11.1	11.1	5.6
	30億～50億円未満	19	26.3	10.5	52.6	5.3	-	10.5	5.3	10.5	-	5.3
	50億～100億円未満	21	14.3	-	61.9	-	-	-	4.8	9.5	4.8	19.0
	100億以上	23	13.0	-	60.9	4.3	-	-	17.4	-	8.7	-
前年比広告費	99以下	53	17.0	5.7	49.1	1.9	1.9	3.8	11.3	5.7	9.4	15.1
	100	94	16.0	3.2	46.8	4.3	1.1	4.3	8.5	4.3	7.4	14.9
	101以上	64	21.9	7.8	46.9	3.1	3.1	6.3	9.4	4.7	4.7	9.4
見通し広告費	99以下	35	20.0	2.9	54.3	-	2.9	2.9	11.4	5.7	5.7	8.6
	100	114	16.7	5.3	47.4	3.5	2.6	5.3	11.4	6.1	8.8	14.9
	101以上	55	21.8	5.5	45.5	3.6	-	5.5	3.6	1.8	3.6	14.5
ブランディング	重視していない	31	6.5	3.2	22.6	-	-	6.5	6.5	16.1	12.9	6.5
	重視している	142	23.9	6.3	47.2	4.2	2.8	5.6	9.2	4.9	7.0	11.3
	非常に重視している	69	13.0	4.3	47.8	1.4	-	-	10.1	-	2.9	17.4
統合戦略	導入	124	13.7	2.4	48.4	4.0	0.8	4.0	11.3	3.2	5.6	11.3
	非導入	107	23.4	8.4	41.1	1.9	2.8	4.7	6.5	8.4	6.5	15.0

（注）4つ以上答えた30社は回答を生かしました。

*** 第42回 広告動態調査 *** 2017年12月

3-4. 特に重要と考える(広告宣伝予算を減らされた際も極力減額しない)ものを教えてください。(最大3つまで)

		総数	折り込みチラシ	カタログ・PR誌	フリーペーパー・マガジン	インターネット広告(モバイル除く)	モバイル広告(スマートフォン・携帯電話など)	ネット上の自社ホームページ	キャンペーンサイト	ソーシャルメディア	無回答
	全体	243	8.6	6.2	-	37.4	49.0	40.3	7.0	21.8	3.3
産業分野	エネルギー・素材	10	-	20.0	-	50.0	20.0	60.0	-	-	-
	食品・飲料	33	-	-	-	36.4	48.5	42.4	6.1	30.3	-
	医薬品・医療用品	10	-	-	-	60.0	50.0	30.0	10.0	10.0	-
	化粧品・トイレタリー	9	-	-	-	22.2	66.7	22.2	-	22.2	11.1
	ファッション	10	30.0	10.0	-	50.0	50.0	40.0	20.0	30.0	-
	出版	5	-	-	-	-	40.0	20.0	20.0	60.0	20.0
	産業機械	4	-	-	-	-	-	-	-	-	-
	精密・事務機器・文具	7	-	14.3	-	28.6	28.6	71.4	-	14.3	14.3
	電気機器・AV機器	13	7.7	23.1	-	23.1	30.8	53.8	-	15.4	-
	自動車・関連品	6	-	-	-	50.0	50.0	66.7	-	33.3	16.7
	家庭用品・レジャー用品	2	-	-	-	50.0	50.0	50.0	-	-	-
	不動産	8	12.5	-	-	62.5	62.5	50.0	12.5	12.5	-
	建設・住宅設備	21	4.8	14.3	-	52.4	33.3	47.6	4.8	4.8	-
	商社・流通・小売業	38	36.8	7.9	-	23.7	55.3	28.9	2.6	18.4	2.6
	金融・保険	19	5.3	-	-	42.1	63.2	26.3	21.1	31.6	-
	輸送・物流	7	-	-	-	28.6	28.6	57.1	-	-	-
	情報・通信	16	-	12.5	-	31.3	43.8	25.0	-	12.5	18.8
	サービス・レジャー	25	-	-	-	48.0	76.0	52.0	16.0	48.0	-
取引対象	BtoB企業	69	2.9	11.6	-	36.2	29.0	50.7	2.9	7.2	-
	BtoC企業	174	10.9	4.0	-	37.9	56.9	36.2	8.6	27.6	4.6
外資系/一般	一般	237	8.9	6.3	-	37.6	48.9	40.5	6.8	21.5	3.0
	外資系	6	-	-	-	33.3	50.0	33.3	16.7	33.3	16.7
広告宣伝費	10億円未満	85	10.6	8.2	-	36.5	37.6	42.4	10.6	23.5	3.5
	10億～20億円未満	31	6.5	-	-	38.7	58.1	45.2	6.5	12.9	6.5
	20億～30億円未満	18	16.7	5.6	-	38.9	61.1	38.9	-	27.8	5.6
	30億～50億円未満	19	5.3	10.5	-	26.3	47.4	31.6	5.3	21.1	-
	50億～100億円未満	21	4.8	-	-	47.6	76.2	33.3	4.8	33.3	-
	100億以上	23	13.0	-	-	30.4	56.5	34.8	4.3	21.7	8.7
前年広告費比	99以下	53	3.8	7.5	-	41.5	64.2	37.7	7.5	26.4	-
	100	94	10.6	6.4	-	39.4	42.6	42.6	8.5	20.2	4.3
	101以上	64	6.3	1.6	-	37.5	53.1	32.8	4.7	15.6	3.1
広告費見通し	99以下	35	5.7	2.9	-	51.4	71.4	31.4	8.6	31.4	-
	100	114	9.6	3.5	-	33.3	43.0	39.5	7.0	16.7	3.5
	101以上	55	5.5	9.1	-	45.5	58.2	40.0	7.3	21.8	-
ブランディング	重視していない	31	22.6	9.7	-	38.7	54.8	32.3	9.7	29.0	6.5
	重視している	142	9.2	7.0	-	37.3	45.1	39.4	7.0	19.7	2.1
	非常に重視している	69	1.4	2.9	-	36.2	53.6	46.4	5.8	23.2	4.3
統合戦略	導入	124	4.0	4.8	-	43.5	61.3	41.1	7.3	28.2	3.2
	非導入	107	13.1	8.4	-	29.0	35.5	39.3	6.5	15.9	2.8

(注)4つ以上答えた30社は回答を生かしました。

*** 第42回 広告動態調査 *** 2017年12月

4-1. マーケティング活動のなかで、インターネットのどの分野に重点を置いていますか。（複数回答）

		総数	自社サイト内の常設コンテンツの充実	キャンペーンサイトの開設	インターネット広告の出稿	ソーシャルメディアの活用	Eコマース(電子商取引)の充実	ネットで得られた顧客情報の活用	その他	インターネットを重視する考えはない	無回答
	全体	243	82.3	34.6	61.7	66.7	23.9	38.3	0.8	0.4	2.1
産業分野	エネルギー・素材	10	90.0	50.0	60.0	50.0	10.0	50.0	-	-	-
	食品・飲料	33	78.8	39.4	57.6	81.8	33.3	39.4	-	-	3.0
	医薬品・医療用品	10	80.0	30.0	80.0	70.0	-	40.0	-	-	-
	化粧品・トイレタリー	9	66.7	44.4	77.8	88.9	66.7	66.7	-	-	-
	ファッション	10	50.0	40.0	40.0	90.0	70.0	40.0	-	10.0	-
	出版	5	100.0	40.0	20.0	60.0	20.0	60.0	-	-	-
	産業機械	4	100.0	-	25.0	-	-	-	-	-	-
	精密・事務機器・文具	7	100.0	42.9	42.9	85.7	14.3	42.9	-	-	-
	電気機器・AV機器	13	92.3	53.8	76.9	69.2	23.1	46.2	-	-	-
	自動車・関連品	6	100.0	66.7	66.7	83.3	16.7	83.3	-	-	-
	家庭用品・レジャー用品	2	50.0	-	50.0	50.0	50.0	50.0	-	-	-
	不動産	8	75.0	25.0	87.5	25.0	12.5	37.5	-	-	-
	建設・住宅設備	21	95.2	23.8	81.0	47.6	9.5	47.6	-	-	-
	商社・流通・小売業	38	73.7	18.4	42.1	68.4	36.8	26.3	2.6	-	2.6
	金融・保険	19	89.5	31.6	68.4	68.4	5.3	26.3	-	-	5.3
	輸送・物流	7	85.7	28.6	57.1	42.9	-	28.6	-	-	14.3
	情報・通信	16	75.0	31.3	62.5	43.8	6.3	12.5	-	-	6.3
	サービス・レジャー	25	88.0	48.0	76.0	84.0	28.0	44.0	4.0	-	-
取引対象	BtoB企業	69	89.9	29.0	63.8	42.0	13.0	30.4	-	-	-
	BtoC企業	174	79.3	36.8	60.9	76.4	28.2	41.4	1.1	0.6	2.9
外資系/一般	一般	237	82.7	34.6	61.6	66.2	24.1	37.6	0.8	0.4	2.1
	外資系	6	66.7	33.3	66.7	83.3	16.7	66.7	-	-	-
広告宣伝費	10億円未満	85	88.2	25.9	52.9	54.1	18.8	29.4	-	1.2	-
	10億～20億円未満	31	77.4	41.9	58.1	67.7	12.9	32.3	3.2	-	6.5
	20億～30億円未満	18	77.8	44.4	55.6	83.3	38.9	38.9	-	-	-
	30億～50億円未満	19	78.9	42.1	73.7	68.4	21.1	26.3	-	-	-
	50億～100億円未満	21	81.0	28.6	71.4	90.5	42.9	61.9	-	-	-
	100億以上	23	82.6	43.5	91.3	78.3	30.4	69.6	-	-	-
広告費前年比	99以下	53	77.4	37.7	69.8	73.6	18.9	52.8	-	1.9	-
	100	94	80.9	29.8	58.5	63.8	33.0	36.2	-	-	3.2
	101以上	64	84.4	40.6	64.1	64.1	14.1	32.8	1.6	-	-
広告費見通し	99以下	35	82.9	40.0	74.3	62.9	11.4	54.3	2.9	2.9	-
	100	114	84.2	32.5	58.8	67.5	28.9	35.1	-	-	1.8
	101以上	55	74.5	34.5	70.9	67.3	21.8	40.0	-	-	-
ブランディング	重視していない	31	71.0	29.0	45.2	54.8	29.0	35.5	3.2	3.2	6.5
	重視している	142	83.8	35.2	63.4	69.0	24.6	31.7	0.7	-	0.7
	非常に重視している	69	85.5	36.2	66.7	66.7	20.3	52.2	-	-	2.9
統合戦略	導入	124	82.3	38.7	71.8	83.1	29.0	46.0	-	-	-
	非導入	107	85.0	31.8	53.3	50.5	19.6	30.8	0.9	-	0.9

*** 第42回 広告動態調査 *** 2017年12月

4-1SQ. インターネットに重点を置いているマーケティング活動の中で、さらに強化したい分野の番号をご記入ください。(最大3つまで)

		総数	自社サイト内の常設コンテンツの充実	キャンペーンサイトの開設	インターネット広告の出稿	ソーシャルメディアの活用	Eコマース（電子商取引）の充実	ネットで得られた顧客情報の活用	その他	無回答
	全体	237	56.1	11.8	41.4	49.8	12.2	25.7	0.4	5.1
産業分野	エネルギー・素材	10	60.0	20.0	40.0	40.0	-	40.0	-	20.0
	食品・飲料	32	34.4	6.3	31.3	68.8	6.3	37.5	-	-
	医薬品・医療用品	10	70.0	20.0	60.0	60.0	-	10.0	-	-
	化粧品・トイレタリー	9	33.3	22.2	55.6	66.7	44.4	44.4	-	-
	ファッション	9	44.4	-	33.3	66.7	66.7	33.3	-	-
	出版	5	60.0	40.0	20.0	20.0	20.0	40.0	-	-
	産業機械	4	75.0	-	25.0	-	-	-	-	-
	精密・事務機器・文具	7	85.7	28.6	28.6	71.4	-	28.6	-	-
	電気機器・AV機器	13	69.2	7.7	23.1	53.8	7.7	46.2	-	7.7
	自動車・関連品	6	50.0	16.7	16.7	50.0	-	66.7	-	-
	家庭用品・レジャー用品	2	50.0	-	50.0	-	-	-	-	-
	不動産	8	75.0	12.5	75.0	25.0	-	12.5	-	12.5
	建設・住宅設備	21	57.1	14.3	38.1	23.8	4.8	38.1	-	9.5
	商社・流通・小売業	37	54.1	5.4	29.7	54.1	27.0	13.5	-	8.1
	金融・保険	18	66.7	5.6	50.0	55.6	5.6	16.7	-	5.6
	輸送・物流	6	50.0	-	50.0	33.3	-	33.3	-	16.7
	情報・通信	15	60.0	33.3	46.7	26.7	-	-	-	6.7
	サービス・レジャー	25	60.0	8.0	68.0	60.0	12.0	16.0	4.0	-
取引対象	BtoB企業	69	66.7	11.6	39.1	24.6	1.4	20.3	-	8.7
	BtoC企業	168	51.8	11.9	42.3	60.1	16.7	28.0	0.6	3.6
外資系/一般	一般	231	55.8	12.1	41.1	49.8	12.6	24.7	0.4	5.2
	外資系	6	66.7	-	50.0	50.0	-	66.7	-	-
広告宣伝費	10億円未満	84	65.5	16.7	38.1	42.9	9.5	14.3	-	9.5
	10億～20億円未満	29	51.7	10.3	34.5	58.6	6.9	17.2	-	3.4
	20億～30億円未満	18	55.6	11.1	44.4	55.6	33.3	16.7	-	5.6
	30億～50億円未満	19	52.6	10.5	52.6	47.4	5.3	21.1	-	-
	50億～100億円未満	21	42.9	4.8	47.6	57.1	9.5	42.9	-	-
	100億以上	23	47.8	4.3	52.2	43.5	17.4	60.9	-	-
前年広告費比	99以下	52	55.8	9.6	48.1	57.7	9.6	44.2	-	-
	100	91	50.5	11.0	35.2	47.3	14.3	22.0	-	7.7
	101以上	64	54.7	14.1	46.9	45.3	6.3	21.9	-	6.3
広告費見通し	99以下	34	44.1	11.8	50.0	47.1	-	47.1	-	2.9
	100	112	57.1	8.9	34.8	50.9	15.2	17.9	-	7.1
	101以上	55	49.1	12.7	54.5	45.5	7.3	36.4	-	3.6
ブランディング	重視していない	28	39.3	14.3	35.7	35.7	17.9	28.6	-	21.4
	重視している	141	56.7	11.3	39.0	53.2	12.1	18.4	0.7	3.5
	非常に重視している	67	62.7	11.9	49.3	49.3	10.4	38.8	-	1.5
統合戦略	導入	124	53.2	10.5	46.8	59.7	14.5	32.3	-	2.4
	非導入	106	59.4	14.2	34.9	37.7	9.4	18.9	-	8.5

*** 第42回 広告動態調査 *** 2017年12月

4-2. パソコンに出している広告コンテンツの形態を教えてください。(複数回答)

		総数	検索連動型広告	タイアップ広告	バナー広告(静止画)	リッチメディア広告(動画のバナー広告)	ネット専用動画	テレビCMと同じ、あるいは連動したCM動画	無回答
	全体	243	58.8	27.2	62.1	32.1	36.2	44.4	16.0
産業分野	エネルギー・素材	10	30.0	30.0	40.0	40.0	70.0	60.0	20.0
	食品・飲料	33	48.5	54.5	63.6	39.4	51.5	63.6	9.1
	医薬品・医療用品	10	60.0	40.0	60.0	40.0	40.0	60.0	20.0
	化粧品・トイレタリー	9	88.9	77.8	88.9	66.7	88.9	88.9	-
	ファッション	10	80.0	20.0	60.0	40.0	40.0	20.0	20.0
	出版	5	60.0	20.0	20.0	20.0	20.0	20.0	20.0
	産業機械	4	-	-	25.0	25.0		50.0	25.0
	精密・事務機器・文具	7	42.9	28.6	57.1	57.1	28.6	71.4	14.3
	電気機器・AV機器	13	61.5	53.8	76.9	30.8	61.5	46.2	-
	自動車・関連品	6	66.7	16.7	50.0	33.3	66.7	66.7	
	家庭用品・レジャー用品	2	100.0	50.0	100.0	100.0	50.0	50.0	-
	不動産	8	50.0	12.5	75.0	25.0	25.0	37.5	12.5
	建設・住宅設備	21	66.7	9.5	76.2	28.6	28.6	47.6	14.3
	商社・流通・小売業	38	52.6	10.5	52.6	18.4	18.4	18.4	31.6
	金融・保険	19	68.4	26.3	73.7	21.1	36.8	42.1	10.5
	輸送・物流	7	57.1	-	42.9	14.3	14.3	28.6	28.6
	情報・通信	16	50.0	12.5	37.5	25.0	12.5	37.5	31.3
	サービス・レジャー	25	76.0	24.0	80.0	36.0	28.0	40.0	8.0
取引対象	BtoB企業	69	49.3	26.1	50.7	30.4	37.7	44.9	15.9
	BtoC企業	174	62.6	27.6	66.7	32.8	35.6	44.3	16.1
外資系/一般	一般	237	58.2	26.6	61.6	32.1	35.4	44.7	16.5
	外資系	6	83.3	50.0	83.3	33.3	66.7	33.3	-
広告宣伝費	10億円未満	85	45.9	17.6	54.1	20.0	18.8	32.9	21.2
	10億〜20億円未満	31	54.8	29.0	58.1	16.1	32.3	41.9	19.4
	20億〜30億円未満	18	77.8	11.1	66.7	33.3	38.9	33.3	11.1
	30億〜50億円未満	19	57.9	21.1	68.4	36.8	47.4	52.6	15.8
	50億〜100億円未満	21	76.2	47.6	71.4	47.6	42.9	76.2	4.8
	100億以上	23	95.7	52.2	91.3	65.2	65.2	69.6	-
前年広告費比	99以下	53	58.5	32.1	58.5	32.1	34.0	35.8	17.0
	100	94	57.4	27.7	63.8	33.0	36.2	50.0	11.7
	101以上	64	62.5	26.6	67.2	31.3	42.2	48.4	14.1
広告費見通し	99以下	35	62.9	31.4	62.9	42.9	34.3	54.3	17.1
	100	114	57.9	23.7	57.9	27.2	33.3	44.7	14.9
	101以上	55	63.6	38.2	76.4	38.2	47.3	41.8	7.3
ブランディング	重視していない	31	54.8	32.3	48.4	29.0	12.9	16.1	22.6
	重視している	142	57.7	21.8	62.0	26.1	35.9	43.7	15.5
	非常に重視している	69	63.8	36.2	69.6	46.4	47.8	59.4	13.0
統合戦略	導入	124	74.2	38.7	73.4	47.6	50.0	60.5	4.8
	非導入	107	44.9	15.9	53.3	17.8	24.3	29.9	23.4

*** 第42回 広告動態調査 *** 2017年12月

4-2. スマートフォンに出している広告コンテンツの形態を教えてください。（複数回答）

		総数	検索連動型広告	タイアップ広告	バナー広告（静止画）	リッチメディア広告（動画のバナー広告）	ネット専用動画	テレビCMと同じ、あるいは連動したCM動画	無回答
	全体	243	56.4	27.2	60.1	31.3	37.9	42.8	19.8
産業分野	エネルギー・素材	10	30.0	30.0	40.0	40.0	70.0	70.0	20.0
	食品・飲料	33	48.5	54.5	63.6	39.4	60.6	63.6	9.1
	医薬品・医療用品	10	60.0	40.0	70.0	40.0	50.0	50.0	30.0
	化粧品・トイレタリー	9	88.9	77.8	88.9	66.7	88.9	100.0	-
	ファッション	10	70.0	20.0	60.0	40.0	40.0	10.0	20.0
	出版	5	60.0	20.0	20.0	20.0	20.0	20.0	20.0
	産業機械	4	-	-	-	25.0	-	50.0	50.0
	精密・事務機器・文具	7	28.6	28.6	42.9	42.9	14.3	57.1	42.9
	電気機器・AV機器	13	53.8	38.5	69.2	30.8	53.8	46.2	15.4
	自動車・関連品	6	50.0	33.3	50.0	33.3	66.7	66.7	-
	家庭用品・レジャー用品	2	100.0	-	100.0	100.0	50.0	50.0	-
	不動産	8	50.0	12.5	62.5	25.0	12.5	25.0	25.0
	建設・住宅設備	21	66.7	9.5	71.4	28.6	28.6	42.9	14.3
	商社・流通・小売業	38	50.0	13.2	44.7	18.4	26.3	15.8	39.5
	金融・保険	19	63.2	21.1	68.4	15.8	31.6	47.4	15.8
	輸送・物流	7	57.1	14.3	57.1	-	-	14.3	28.6
	情報・通信	16	43.8	12.5	50.0	31.3	25.0	37.5	18.8
	サービス・レジャー	25	80.0	28.0	80.0	36.0	28.0	40.0	8.0
取引対象	BtoB企業	69	44.9	23.2	46.4	24.6	33.3	40.6	26.1
	BtoC企業	174	60.9	28.7	65.5	33.9	39.7	43.7	17.2
外資系／一般	一般	237	55.7	26.6	59.5	31.2	37.1	43.0	20.3
	外資系	6	83.3	50.0	83.3	33.3	66.7	33.3	-
広告宣伝費	10億円未満	85	42.4	16.5	42.4	18.8	15.3	23.5	32.9
	10億～20億円未満	31	54.8	32.3	71.0	16.1	35.5	48.4	12.9
	20億～30億円未満	18	72.2	11.1	72.2	27.8	44.4	33.3	11.1
	30億～50億円未満	19	63.2	21.1	78.9	42.1	63.2	57.9	-
	50億～100億円未満	21	76.2	47.6	76.2	52.4	47.6	81.0	4.8
	100億以上	23	95.7	56.5	91.3	65.2	69.6	69.6	-
広告費前年比	99以下	53	54.7	30.2	60.4	32.1	39.6	39.6	20.8
	100	94	55.3	26.6	56.4	31.9	35.1	43.6	19.1
	101以上	64	62.5	28.1	68.8	31.3	43.8	50.0	12.5
広告費見通し	99以下	35	60.0	31.4	62.9	34.3	31.4	51.4	20.0
	100	114	56.1	24.6	55.3	28.9	35.1	42.1	18.4
	101以上	55	61.8	34.5	72.7	36.4	50.9	41.8	12.7
ブランディング	重視していない	31	54.8	29.0	48.4	25.8	16.1	16.1	25.8
	重視している	142	54.2	21.8	60.6	28.2	37.3	43.0	21.1
	非常に重視している	69	62.3	37.7	65.2	40.6	49.3	55.1	13.0
統合戦略	導入	124	71.8	39.5	71.8	45.2	50.0	59.7	5.6
	非導入	107	43.0	14.0	51.4	18.7	28.0	27.1	29.9

- 57 -

*** 第42回 広告動態調査 *** 2017年12月

4-3. 以下の目的において、主にインターネットを使っていますか。(複数回答)

		総数	企業ブランドの構築	商品ブランドの構築	商品のセールスプロモーション	商品の販売(注文できるページやそのページへの誘導など)	無回答
	全体	243	56.4	49.8	68.3	42.8	7.4
産業分野	エネルギー・素材	10	90.0	30.0	30.0	20.0	10.0
	食品・飲料	33	57.6	78.8	60.6	39.4	6.1
	医薬品・医療用品	10	40.0	60.0	70.0	20.0	10.0
	化粧品・トイレタリー	9	77.8	88.9	77.8	66.7	11.1
	ファッション	10	20.0	20.0	70.0	70.0	20.0
	出版	5	-	40.0	100.0	60.0	-
	産業機械	4	50.0	25.0	50.0	-	25.0
	精密・事務機器・文具	7	57.1	71.4	42.9	42.9	14.3
	電気機器・AV機器	13	84.6	53.8	84.6	38.5	-
	自動車・関連品	6	83.3	83.3	83.3	50.0	-
	家庭用品・レジャー用品	2	100.0	100.0	100.0	50.0	-
	不動産	8	62.5	62.5	62.5	12.5	25.0
	建設・住宅設備	21	66.7	57.1	61.9	14.3	-
	商社・流通・小売業	38	36.8	18.4	68.4	60.5	10.5
	金融・保険	19	73.7	63.2	68.4	52.6	5.3
	輸送・物流	7	57.1	14.3	57.1	42.9	14.3
	情報・通信	16	56.3	18.8	81.3	12.5	6.3
	サービス・レジャー	25	48.0	56.0	80.0	68.0	-
取引対象	BtoB企業	69	73.9	46.4	59.4	33.3	4.3
	BtoC企業	174	49.4	51.1	71.8	46.6	8.6
外資系/一般	一般	237	56.5	49.8	67.9	43.0	7.6
	外資系	6	50.0	50.0	83.3	33.3	-
広告宣伝費	10億円未満	85	52.9	37.6	62.4	40.0	9.4
	10億〜20億円未満	31	64.5	51.6	74.2	35.5	9.7
	20億〜30億円未満	18	38.9	33.3	72.2	55.6	16.7
	30億〜50億円未満	19	63.2	52.6	78.9	47.4	-
	50億〜100億円未満	21	57.1	61.9	66.7	61.9	4.8
	100億以上	23	56.5	82.6	82.6	52.2	-
広告費前年比	99以下	53	50.9	43.4	77.4	54.7	5.7
	100	94	48.9	53.2	66.0	34.0	9.6
	101以上	64	71.9	54.7	65.6	45.3	4.7
広告費見通し	99以下	35	57.1	51.4	68.6	51.4	11.4
	100	114	52.6	49.1	64.0	39.5	7.9
	101以上	55	60.0	54.5	78.2	40.0	1.8
ブランディング	重視していない	31	29.0	22.6	67.7	48.4	12.9
	重視している	142	52.8	50.0	68.3	43.7	7.0
	非常に重視している	69	76.8	62.3	68.1	37.7	5.8
統合戦略	導入	124	63.7	65.3	77.4	52.4	0.8
	非導入	107	49.5	33.6	61.7	31.8	12.1

*** 第42回 広告動態調査 *** 2017年12月

4-4.「統合マーケティングコミュニケーション(IMC)」や「統合型メディア戦略」といった考え方を導入していますか。

		総数	導入している	導入していない	無回答
	全体	243	51.0	44.0	4.9
産業分野	エネルギー・素材	10	40.0	60.0	-
	食品・飲料	33	69.7	27.3	3.0
	医薬品・医療用品	10	40.0	60.0	-
	化粧品・トイレタリー	9	88.9	11.1	-
	ファッション	10	80.0	-	20.0
	出版	5	40.0	40.0	20.0
	産業機械	4	50.0	50.0	-
	精密・事務機器・文具	7	42.9	57.1	-
	電気機器・AV機器	13	53.8	46.2	-
	自動車・関連品	6	100.0	-	-
	家庭用品・レジャー用品	2	100.0	-	-
	不動産	8	-	87.5	12.5
	建設・住宅設備	21	42.9	57.1	-
	商社・流通・小売業	38	23.7	71.1	5.3
	金融・保険	19	52.6	36.8	10.5
	輸送・物流	7	57.1	28.6	14.3
	情報・通信	16	43.8	50.0	6.3
	サービス・レジャー	25	64.0	32.0	4.0
取引対象	BtoB企業	69	42.0	56.5	1.4
	BtoC企業	174	54.6	39.1	6.3
外資系/一般	一般	237	51.1	43.9	5.1
	外資系	6	50.0	50.0	-
広告宣伝費	10億円未満	85	36.5	60.0	3.5
	10億～20億円未満	31	48.4	41.9	9.7
	20億～30億円未満	18	61.1	38.9	-
	30億～50億円未満	19	47.4	52.6	-
	50億～100億円未満	21	81.0	14.3	4.8
	100億以上	23	78.3	21.7	-
広告費前年比	99以下	53	52.8	43.4	3.8
	100	94	46.8	50.0	3.2
	101以上	64	59.4	37.5	3.1
広告費見通し	99以下	35	51.4	40.0	8.6
	100	114	47.4	50.9	1.8
	101以上	55	60.0	38.2	1.8
ブランディング	重視していない	31	29.0	61.3	9.7
	重視している	142	50.0	45.8	4.2
	非常に重視している	69	63.8	31.9	4.3
統合戦略	導入	124	100.0	-	-
	非導入	107	-	100.0	-

＊＊＊ 第42回 広告動態調査 ＊＊＊ 2017年12月

4-5.（料金を払う）広告メディアとして利用しているソーシャルメディアを教えてください。（複数回答）

		総数	ツイッター	フェイスブック	YouTube	C CHANNEL	ブログ	インスタグラム	LINE	その他	特に利用していない	無回答
	全体	243	39.1	60.1	46.9	8.2	9.9	35.0	33.3	1.6	20.6	5.8
産業分野	エネルギー・素材	10	10.0	50.0	40.0	-	10.0	-	-	-	20.0	10.0
	食品・飲料	33	57.6	66.7	72.7	18.2	15.2	63.6	39.4	3.0	9.1	9.1
	医薬品・医療用品	10	40.0	60.0	60.0	10.0	-	20.0	50.0	-	40.0	-
	化粧品・トイレタリー	9	77.8	88.9	88.9	77.8	66.7	77.8	77.8	-	11.1	-
	ファッション	10	60.0	80.0	40.0	10.0	20.0	60.0	50.0	-	10.0	10.0
	出版	5	80.0	60.0	40.0	-	-	60.0	20.0	-	20.0	-
	産業機械	4	25.0	-	-	-	-	-	-	-	75.0	-
	精密・事務機器・文具	7	28.6	42.9	42.9	-	-	14.3	-	-	28.6	14.3
	電気機器・AV機器	13	46.2	76.9	46.2	7.7	7.7	30.8	7.7	15.4	23.1	-
	自動車・関連品	6	50.0	83.3	66.7	-	33.3	50.0	50.0	-	16.7	-
	家庭用品・レジャー用品	2	50.0	100.0	100.0	50.0	-	50.0	-	-	-	-
	不動産	8	25.0	62.5	37.5	-	-	50.0	25.0	-	25.0	-
	建設・住宅設備	21	9.5	38.1	23.8	-	-	28.6	4.8	-	42.9	4.8
	商社・流通・小売業	38	15.8	47.4	26.3	5.3	2.6	28.9	50.0	-	26.3	2.6
	金融・保険	19	42.1	73.7	52.6	-	-	21.1	36.8	5.3	10.5	5.3
	輸送・物流	7	42.9	42.9	28.6	-	-	28.6	14.3	-	28.6	14.3
	情報・通信	16	43.8	56.3	37.5	-	12.5	25.0	25.0	-	6.3	18.8
	サービス・レジャー	25	52.0	68.0	60.0	4.0	16.0	24.0	48.0	-	12.0	4.0
取引対象	BtoB企業	69	20.3	40.6	29.0	2.9	1.4	13.0	5.8	4.3	43.5	5.8
	BtoC企業	174	46.6	67.8	54.0	10.3	13.2	43.7	44.3	0.6	11.5	5.7
外資系/一般	一般	237	38.0	59.5	46.8	8.4	9.3	34.6	32.9	1.7	20.7	5.9
	外資系	6	83.3	83.3	50.0	-	33.3	50.0	50.0	-	16.7	-
広告宣伝費	10億円未満	85	25.9	47.1	24.7	2.4	4.7	21.2	22.4	2.4	34.1	3.5
	10億～20億円未満	31	32.3	61.3	48.4	-	16.1	25.8	22.6	3.2	12.9	3.2
	20億～30億円未満	18	44.4	72.2	55.6	5.6	11.1	16.7	38.9	-	16.7	-
	30億～50億円未満	19	31.6	63.2	68.4	5.3	10.5	36.8	36.8	-	21.1	5.3
	50億～100億円未満	21	66.7	85.7	76.2	28.6	14.3	57.1	66.7	-	-	4.8
	100億以上	23	87.0	95.7	82.6	21.7	21.7	65.2	69.6	-	-	-
前年広告費比	99以下	53	41.5	62.3	54.7	7.5	15.1	41.5	35.8	3.8	15.1	1.9
	100	94	41.5	63.8	45.7	11.7	7.4	33.0	31.9	-	20.2	6.4
	101以上	64	39.1	56.3	48.4	7.8	9.4	32.8	37.5	1.6	28.1	1.6
見通し広告費	99以下	35	42.9	65.7	45.7	5.7	17.1	51.4	37.1	-	20.0	2.9
	100	114	36.8	56.1	45.6	12.3	7.9	27.2	31.6	-	24.6	4.4
	101以上	55	47.3	67.3	54.5	3.6	9.1	43.6	36.4	5.5	18.2	1.8
ブランディング	重視していない	31	32.3	51.6	29.0	3.2	3.2	29.0	41.9	-	29.0	3.2
	重視している	142	39.4	57.7	46.5	7.7	9.2	32.4	35.2	0.7	22.5	7.0
	非常に重視している	69	42.0	69.6	55.1	11.6	14.5	43.5	24.6	4.3	13.0	4.3
統合戦略	導入	124	50.8	75.8	63.7	14.5	16.1	46.0	42.7	1.6	7.3	4.8
	非導入	107	27.1	44.9	29.9	1.9	3.7	22.4	24.3	0.9	36.4	3.7

***　第42回　広告動態調査　***　2017年12月

4-6. 情報メディアとして利用しているソーシャルメディアを教えてください。（複数回答）

		総数	ツイッター	フェイスブック	YouTube	C CHANNEL	ブログ	インスタグラム	LINE	その他	特に利用していない	無回答
	全体	243	49.8	65.4	58.4	2.1	16.5	33.7	37.0	1.2	11.5	4.9
産業分野	エネルギー・素材	10	30.0	60.0	80.0	-	10.0	20.0	20.0	10.0	-	10.0
産業分野	食品・飲料	33	60.6	60.6	54.5	3.0	18.2	42.4	39.4	-	12.1	6.1
産業分野	医薬品・医療用品	10	40.0	40.0	70.0	-	10.0	20.0	30.0	-	20.0	10.0
産業分野	化粧品・トイレタリー	9	100.0	100.0	77.8	11.1	33.3	66.7	55.6	-	-	-
産業分野	ファッション	10	70.0	90.0	50.0	-	30.0	50.0	40.0	-	10.0	-
産業分野	出版	5	80.0	40.0	40.0	-	20.0	20.0	20.0	20.0	-	20.0
産業分野	産業機械	4	-	-	-	-	-	-	-	-	75.0	25.0
産業分野	精密・事務機器・文具	7	85.7	85.7	71.4	-	14.3	14.3	28.6	-	14.3	-
産業分野	電気機器・AV機器	13	46.2	76.9	92.3	7.7	30.8	46.2	15.4	-	-	-
産業分野	自動車・関連品	6	83.3	100.0	100.0	-	33.3	50.0	50.0	-	-	-
産業分野	家庭用品・レジャー用品	2	100.0	100.0	100.0	50.0	50.0	100.0	100.0	-	-	-
産業分野	不動産	8	-	62.5	37.5	-	12.5	37.5	25.0	-	12.5	-
産業分野	建設・住宅設備	21	19.0	57.1	52.4	-	19.0	33.3	14.3	-	28.6	-
産業分野	商社・流通・小売業	38	28.9	55.3	39.5	2.6	10.5	36.8	60.5	-	15.8	2.6
産業分野	金融・保険	19	42.1	52.6	52.6	-	-	15.8	21.1	-	10.5	15.8
産業分野	輸送・物流	7	71.4	71.4	71.4	-	-	28.6	42.9	-	-	-
産業分野	情報・通信	16	68.8	68.8	50.0	-	12.5	12.5	31.3	6.3	6.3	6.3
産業分野	サービス・レジャー	25	64.0	84.0	72.0	-	24.0	36.0	52.0	-	4.0	4.0
取引対象	BtoB企業	69	33.3	55.1	62.3	2.9	10.1	18.8	11.6	2.9	21.7	2.9
取引対象	BtoC企業	174	56.3	69.5	56.9	1.7	19.0	39.7	47.1	0.6	7.5	5.7
外資系/一般	一般	237	48.9	65.4	58.2	2.1	16.0	33.3	36.7	0.8	11.8	5.1
外資系/一般	外資系	6	83.3	66.7	66.7	-	33.3	50.0	50.0	16.7	-	-
広告宣伝費	10億円未満	85	37.6	63.5	45.9	1.2	12.9	24.7	35.3	1.2	21.2	2.4
広告宣伝費	10億～20億円未満	31	51.6	64.5	45.2	-	25.8	32.3	22.6	-	3.2	6.5
広告宣伝費	20億～30億円未満	18	77.8	83.3	72.2	-	22.2	27.8	44.4	-	-	5.6
広告宣伝費	30億～50億円未満	19	31.6	42.1	57.9	-	15.8	42.1	31.6	-	15.8	5.3
広告宣伝費	50億～100億円未満	21	52.4	71.4	71.4	-	14.3	38.1	57.1	-	9.5	9.5
広告宣伝費	100億以上	23	78.3	78.3	69.6	4.3	17.4	52.2	52.2	-	-	4.3
前年広告費比	99以下	53	45.3	60.4	52.8	3.8	17.0	39.6	43.4	-	15.1	5.7
前年広告費比	100	94	51.1	66.0	57.4	2.1	12.8	28.7	38.3	1.1	8.5	6.4
前年広告費比	101以上	64	51.6	67.2	64.1	1.6	20.3	39.1	31.3	-	14.1	-
広告費見通し	99以下	35	40.0	62.9	48.6	2.9	17.1	42.9	48.6	-	20.0	5.7
広告費見通し	100	114	48.2	63.2	57.9	3.5	18.4	28.9	33.3	0.9	11.4	5.3
広告費見通し	101以上	55	56.4	72.7	65.5	-	12.7	41.8	40.0	-	9.1	-
ブランディング	重視していない	31	41.9	61.3	48.4	-	12.9	25.8	58.1	-	19.4	6.5
ブランディング	重視している	142	49.3	64.1	55.6	1.4	15.5	32.4	33.8	1.4	10.6	4.2
ブランディング	非常に重視している	69	55.1	71.0	68.1	4.3	20.3	40.6	33.3	1.4	10.1	5.8
統合戦略	導入	124	58.9	75.0	67.7	3.2	21.0	45.2	41.1	0.8	5.6	4.8
統合戦略	非導入	107	42.1	57.0	50.5	0.9	10.3	21.5	31.8	1.9	18.7	0.9

***　第42回　広告動態調査　***　2017年12月

4-7. 貴社がウェブマーケティングをどのような体制で担っているのかをお答えください。
《(1). 専門メンバー・組織が存在しますか。》

		総数	存在する	存在しない	無回答
全体		243	53.1	45.7	1.2
産業分野	エネルギー・素材	10	40.0	60.0	-
	食品・飲料	33	45.5	51.5	3.0
	医薬品・医療用品	10	30.0	70.0	-
	化粧品・トイレタリー	9	77.8	22.2	-
	ファッション	10	80.0	20.0	-
	出版	5	80.0	20.0	-
	産業機械	4	25.0	75.0	-
	精密・事務機器・文具	7	57.1	42.9	-
	電気機器・AV機器	13	53.8	46.2	-
	自動車・関連品	6	83.3	16.7	-
	家庭用品・レジャー用品	2	100.0	-	-
	不動産	8	50.0	50.0	-
	建設・住宅設備	21	38.1	61.9	-
	商社・流通・小売業	38	42.1	57.9	-
	金融・保険	19	57.9	36.8	5.3
	輸送・物流	7	14.3	85.7	-
	情報・通信	16	68.8	25.0	6.3
	サービス・レジャー	25	72.0	28.0	-
取引対象	BtoB企業	69	50.7	49.3	-
	BtoC企業	174	54.0	44.3	1.7
外資系／一般	一般	237	52.3	46.4	1.3
	外資系	6	83.3	16.7	-
広告宣伝費	10億円未満	85	44.7	55.3	-
	10億～20億円未満	31	35.5	61.3	3.2
	20億～30億円未満	18	55.6	44.4	-
	30億～50億円未満	19	52.6	47.4	-
	50億～100億円未満	21	76.2	23.8	-
	100億以上	23	87.0	13.0	-
広告費前年比	99以下	53	47.2	52.8	-
	100	94	53.2	44.7	2.1
	101以上	64	59.4	40.6	-
広告費見通し	99以下	35	57.1	42.9	-
	100	114	47.4	51.8	0.9
	101以上	55	65.5	34.5	-
ブランディング	重視していない	31	38.7	58.1	3.2
	重視している	142	54.2	45.8	-
	非常に重視している	69	58.0	39.1	2.9
統合戦略	導入	124	64.5	35.5	-
	非導入	107	39.3	60.7	-

4-7. 貴社がウェブマーケティングをどのような体制で担っているのかをお答えください。
≪(1)SQ1. 専門メンバー・組織はどのような体制ですか。≫

		総数	広告宣伝部内に存在する	広告宣伝部とは別組織で存在する	広告宣伝部内にも、別組織にも存在する	無回答
	全体	129	43.4	28.7	27.1	0.8
産業分野	エネルギー・素材	4	75.0	-	-	25.0
	食品・飲料	15	66.7	6.7	26.7	-
	医薬品・医療用品	3	33.3	33.3	33.3	-
	化粧品・トイレタリー	7	42.9	28.6	28.6	-
	ファッション	8	12.5	62.5	25.0	-
	出版	4	-	25.0	75.0	-
	産業機械	1	-	100.0	-	-
	精密・事務機器・文具	4	50.0	25.0	25.0	-
	電気機器・AV機器	7	42.9	28.6	28.6	-
	自動車・関連品	5	40.0	-	60.0	-
	家庭用品・レジャー用品	2	50.0	50.0	-	-
	不動産	4	75.0	-	25.0	-
	建設・住宅設備	8	37.5	25.0	37.5	-
	商社・流通・小売業	16	56.3	31.3	12.5	-
	金融・保険	11	45.5	27.3	27.3	-
	輸送・物流	1	100.0	-	-	-
	情報・通信	11	18.2	72.7	9.1	-
	サービス・レジャー	18	38.9	22.2	38.9	-
取引対象	BtoB企業	35	34.3	42.9	22.9	-
	BtoC企業	94	46.8	23.4	28.7	1.1
外資系/一般	一般	124	42.7	29.0	27.4	0.8
	外資系	5	60.0	20.0	20.0	-
広告宣伝費	10億円未満	38	52.6	34.2	13.2	-
	10億～20億円未満	11	45.5	27.3	27.3	-
	20億～30億円未満	10	30.0	50.0	20.0	-
	30億～50億円未満	10	40.0	40.0	10.0	10.0
	50億～100億円未満	16	37.5	43.8	18.8	-
	100億以上	20	55.0	5.0	40.0	-
前年比広告費	99以下	25	28.0	28.0	40.0	4.0
	100	50	52.0	26.0	22.0	-
	101以上	38	50.0	28.9	21.1	-
見通し広告費	99以下	20	30.0	25.0	40.0	5.0
	100	54	46.3	33.3	20.4	-
	101以上	36	50.0	22.2	27.8	-
ブランディング	重視していない	12	33.3	41.7	25.0	-
	重視している	77	42.9	31.2	26.0	-
	非常に重視している	40	47.5	20.0	30.0	2.5
統合戦略	導入	80	41.3	27.5	31.3	-
	非導入	42	50.0	31.0	16.7	2.4

*** 第42回 広告動態調査 *** 2017年12月

4-7. 貴社がウェブマーケティングをどのような体制で担っているのかをお答えください。
≪(1)SQ2. 専門メンバーの総勢は何人ですか。≫

		総数	1人	2人	3人	4～6人	7～9人	10人以上	平均(人)
	全体	115	15.7	15.7	20.0	20.9	6.1	21.7	7.2
産業分野	エネルギー・素材	4	25.0	-	75.0	-	-	-	2.5
	食品・飲料	15	33.3	13.3	6.7	20.0	-	26.7	9.2
	医薬品・医療用品	3	33.3	33.3	33.3	-	-	-	2.0
	化粧品・トイレタリー	6	-	16.7	-	16.7	-	66.7	16.2
	ファッション	7	14.3	14.3	14.3	-	14.3	42.9	8.3
	出版	4	-	-	75.0	-	25.0	-	4.0
	産業機械	1	-	100.0	-	-	-	-	2.0
	精密・事務機器・文具	4	-	50.0	-	25.0	-	25.0	4.8
	電気機器・AV機器	6	16.7	-	16.7	33.3	-	33.3	13.3
	自動車・関連品	4	25.0	25.0	-	-	25.0	25.0	7.8
	家庭用品・レジャー用品	2	50.0	-	-	-	-	50.0	9.0
	不動産	4	50.0	-	25.0	-	-	25.0	4.5
	建設・住宅設備	6	33.3	33.3	16.7	-	-	16.7	4.8
	商社・流通・小売業	16	-	18.8	31.3	37.5	-	12.5	4.2
	金融・保険	11	-	18.2	18.2	9.1	36.4	18.2	9.8
	輸送・物流	1	-	-	-	100.0	-	-	4.0
	情報・通信	7	14.3	-	28.6	28.6	-	28.6	8.3
	サービス・レジャー	14	14.3	14.3	14.3	50.0	-	7.1	5.2
取引対象	BtoB企業	30	16.7	16.7	23.3	26.7	-	16.7	6.3
	BtoC企業	85	15.3	15.3	18.8	18.8	8.2	23.5	7.6
外資系／一般	一般	110	16.4	15.5	20.0	21.8	4.5	21.8	7.3
	外資系	5	-	20.0	20.0	-	40.0	20.0	6.6
広告宣伝費	10億円未満	37	35.1	13.5	32.4	16.2	2.7	-	2.6
	10億～20億円未満	11	-	27.3	9.1	36.4	9.1	18.2	6.2
	20億～30億円未満	10	10.0	10.0	-	50.0	-	30.0	11.0
	30億～50億円未満	9	11.1	33.3	22.2	33.3	-	-	3.1
	50億～100億円未満	14	14.3	14.3	28.6	7.1	7.1	28.6	8.1
	100億以上	17	-	11.8	11.8	17.6	17.6	41.2	9.3
前年広告費比	99以下	25	12.0	20.0	20.0	16.0	4.0	28.0	9.0
	100	44	15.9	15.9	25.0	20.5	2.3	20.5	7.3
	101以上	36	16.7	13.9	19.4	25.0	8.3	16.7	5.7
見通し広告費	99以下	20	10.0	10.0	35.0	20.0	5.0	20.0	8.1
	100	47	17.0	17.0	17.0	19.1	6.4	23.4	8.2
	101以上	35	14.3	20.0	22.9	25.7	-	17.1	5.0
ブランディング	重視していない	12	8.3	25.0	33.3	25.0	-	8.3	6.9
	重視している	65	16.9	20.0	16.9	24.6	7.7	13.8	5.1
	非常に重視している	38	15.8	5.3	21.1	13.2	5.3	39.5	11.0
統合戦略	導入	72	16.7	13.9	15.3	18.1	4.2	31.9	9.3
	非導入	38	13.2	21.1	26.3	26.3	7.9	5.3	3.8

- 64 -

*** 第42回 広告動態調査 *** 2017年12月

4-7. 貴社がウェブマーケティングをどのような体制で担っているのかをお答えください。
≪(2). 貴社はウェブマーケティングを外部機関に発注していますか。≫

		総数	発注している	発注していない	無回答
	全体	243	58.0	39.5	2.5
産業分野	エネルギー・素材	10	50.0	50.0	-
	食品・飲料	33	72.7	24.2	3.0
	医薬品・医療用品	10	30.0	70.0	-
	化粧品・トイレタリー	9	88.9	11.1	-
	ファッション	10	70.0	30.0	-
	出版	5	60.0	40.0	-
	産業機械	4	25.0	75.0	-
	精密・事務機器・文具	7	42.9	42.9	14.3
	電気機器・AV機器	13	46.2	53.8	-
	自動車・関連品	6	66.7	33.3	-
	家庭用品・レジャー用品	2	100.0	-	-
	不動産	8	75.0	25.0	-
	建設・住宅設備	21	57.1	38.1	4.8
	商社・流通・小売業	38	34.2	63.2	2.6
	金融・保険	19	63.2	31.6	5.3
	輸送・物流	7	42.9	57.1	-
	情報・通信	16	62.5	31.3	6.3
	サービス・レジャー	25	76.0	24.0	-
取引対象	BtoB企業	69	53.6	44.9	1.4
	BtoC企業	174	59.8	37.4	2.9
外資系／一般	一般	237	58.2	39.2	2.5
	外資系	6	50.0	50.0	-
広告宣伝費	10億円未満	85	43.5	54.1	2.4
	10億～20億円未満	31	58.1	38.7	3.2
	20億～30億円未満	18	77.8	22.2	-
	30億～50億円未満	19	68.4	31.6	-
	50億～100億円未満	21	76.2	23.8	-
	100億以上	23	69.6	30.4	-
前年広告費比	99以下	53	50.9	47.2	1.9
	100	94	58.5	38.3	3.2
	101以上	64	65.6	34.4	-
広告費見通し	99以下	35	48.6	48.6	2.9
	100	114	56.1	42.1	1.8
	101以上	55	69.1	30.9	-
ブランディング	重視していない	31	54.8	41.9	3.2
	重視している	142	56.3	42.3	1.4
	非常に重視している	69	63.8	31.9	4.3
統合戦略	導入	124	77.4	22.6	-
	非導入	107	38.3	58.9	2.8

*** 第42回 広告動態調査 *** 2017年12月

4-7. 貴社がウェブマーケティングをどのような体制で担っているのかをお答えください。
≪(2)SQ. ウェブマーケティングの発注先はどのような機関ですか。≫

		総数	総合広告会社	インターネット専門広告会社	マーケティング支援サービスの事業会社	その他	無回答
	全体	141	60.3	40.4	14.9	1.4	0.7
産業分野	エネルギー・素材	5	60.0	-	20.0	20.0	-
	食品・飲料	24	91.7	37.5	-	-	-
	医薬品・医療用品	3	100.0	33.3	-	-	-
	化粧品・トイレタリー	8	75.0	75.0	-	-	-
	ファッション	7	14.3	71.4	14.3	-	14.3
	出版	3	33.3	33.3	33.3	-	-
	産業機械	1	100.0	-	-	-	-
	精密・事務機器・文具	3	66.7	66.7	-	-	-
	電気機器・AV機器	6	100.0	16.7	-	-	-
	自動車・関連品	4	50.0	50.0	50.0	-	-
	家庭用品・レジャー用品	2	-	-	100.0	-	-
	不動産	6	66.7	33.3	-	-	-
	建設・住宅設備	12	50.0	58.3	16.7	-	-
	商社・流通・小売業	13	61.5	23.1	15.4	-	-
	金融・保険	12	58.3	33.3	25.0	-	-
	輸送・物流	3	66.7	33.3	-	-	-
	情報・通信	10	20.0	20.0	60.0	10.0	-
	サービス・レジャー	19	47.4	57.9	5.3	-	-
取引対象	BtoB企業	37	54.1	29.7	27.0	5.4	-
	BtoC企業	104	62.5	44.2	10.6	-	1.0
外資系／一般	一般	138	60.9	39.9	14.5	1.4	0.7
	外資系	3	33.3	66.7	33.3	-	-
広告宣伝費	10億円未満	37	43.2	43.2	18.9	-	-
	10億～20億円未満	18	61.1	27.8	27.8	-	-
	20億～30億円未満	14	50.0	57.1	7.1	-	-
	30億～50億円未満	13	61.5	38.5	15.4	-	-
	50億～100億円未満	16	68.8	50.0	-	-	6.3
	100億以上	16	81.3	43.8	6.3	-	-
広告費前年比	99以下	27	48.1	44.4	18.5	3.7	-
	100	55	65.5	45.5	7.3	1.8	-
	101以上	42	59.5	38.1	21.4	-	-
広告費見通し	99以下	17	58.8	29.4	23.5	-	-
	100	64	57.8	42.2	12.5	3.1	-
	101以上	38	65.8	52.6	10.5	-	-
ブランディング	重視していない	17	41.2	41.2	23.5	-	-
	重視している	80	61.3	42.5	13.8	1.3	1.3
	非常に重視している	44	65.9	36.4	13.6	2.3	-
統合戦略	導入	96	60.4	47.9	14.6	1.0	1.0
	非導入	41	56.1	26.8	17.1	2.4	-

（注）複数回答で答えた24社はその回答を生かしました。

*** 第42回 広告動態調査 *** 2017年12月

4-8. 貴社の広告宣伝部門はインターネット関連分野について、どの範囲を担当していますか。(複数回答)

		総数	自社サイトの企画・制作	キャンペーンサイトの企画・制作	インターネット広告の企画・制作・発注	ソーシャルメディアに出す広告の企画・制作	インターネット広告の発注のみ	運用型広告を自社で管理	インターネット関連はすべて他部門が担当	その他	無回答
	全体	243	68.3	51.9	57.6	57.6	12.3	7.0	3.3	1.2	10.3
産業分野	エネルギー・素材	10	80.0	30.0	50.0	60.0	-	10.0	-	-	10.0
	食品・飲料	33	66.7	60.6	60.6	60.6	15.2	9.1	-	3.0	9.1
	医薬品・医療用品	10	50.0	40.0	50.0	40.0	30.0	-	-	-	20.0
	化粧品・トイレタリー	9	55.6	66.7	55.6	44.4	22.2	-	11.1	-	-
	ファッション	10	30.0	30.0	40.0	70.0	10.0	10.0	-	10.0	20.0
	出版	5	80.0	60.0	60.0	60.0	-	40.0	-	-	-
	産業機械	4	25.0	-	-	-	-	25.0	-	-	50.0
	精密・事務機器・文具	7	71.4	57.1	57.1	71.4	14.3	-	-	-	14.3
	電気機器・AV機器	13	61.5	46.2	76.9	61.5	7.7	7.7	-	-	15.4
	自動車・関連品	6	100.0	83.3	100.0	83.3	16.7	33.3	16.7	-	-
	家庭用品・レジャー用品	2	100.0	100.0	100.0	100.0	-	-	-	-	-
	不動産	8	87.5	25.0	50.0	37.5	12.5	-	-	-	-
	建設・住宅設備	21	85.7	57.1	61.9	57.1	4.8	-	4.8	-	9.5
	商社・流通・小売業	38	68.4	47.4	42.1	47.4	10.5	2.6	2.6	-	13.2
	金融・保険	19	78.9	63.2	63.2	57.9	15.8	5.3	-	-	10.5
	輸送・物流	7	71.4	42.9	42.9	42.9	28.6	-	-	-	28.6
	情報・通信	16	56.3	37.5	50.0	56.3	-	-	6.3	6.3	6.3
	サービス・レジャー	25	68.0	68.0	80.0	80.0	20.0	16.0	12.0	-	-
取引対象	BtoB企業	69	65.2	36.2	47.8	42.0	10.1	7.2	4.3	-	14.5
	BtoC企業	174	69.5	58.0	61.5	63.8	13.2	6.9	2.9	1.7	8.6
外資系／一般	一般	237	67.9	51.9	57.4	57.0	12.7	6.8	3.4	1.3	10.5
	外資系	6	83.3	50.0	66.7	83.3	-	16.7	-	-	-
広告宣伝費	10億円未満	85	63.5	44.7	48.2	44.7	9.4	7.1	3.5	1.2	14.1
	10億～20億円未満	31	67.7	41.9	51.6	58.1	16.1	12.9	-	-	9.7
	20億～30億円未満	18	83.3	72.2	50.0	88.9	22.2	5.6	5.6	-	-
	30億～50億円未満	19	73.7	68.4	73.7	52.6	10.5	5.3	-	-	5.3
	50億～100億円未満	21	57.1	66.7	71.4	71.4	14.3	4.8	9.5	9.5	-
	100億以上	23	82.6	56.5	87.0	82.6	8.7	4.3	8.7	-	4.3
前年広告費比	99以下	53	66.0	54.7	69.8	73.6	18.9	13.2	5.7	1.9	7.5
	100	94	67.0	47.9	56.4	54.3	10.6	3.2	2.1	-	10.6
	101以上	64	70.3	59.4	57.8	56.3	12.5	6.3	4.7	-	9.4
見通し広告費	99以下	35	65.7	54.3	60.0	54.3	17.1	8.6	8.6	-	8.6
	100	114	70.2	49.1	55.3	53.5	13.2	4.4	3.5	0.9	9.6
	101以上	55	67.3	61.8	70.9	74.5	12.7	10.9	1.8	-	7.3
ブランディング	重視していない	31	58.1	48.4	45.2	48.4	22.6	12.9	6.5	-	19.4
	重視している	142	66.9	51.4	57.0	54.9	11.3	6.3	2.8	1.4	10.6
	非常に重視している	69	75.4	55.1	65.2	66.7	10.1	5.8	2.9	1.4	5.8
統合戦略	導入	124	72.6	62.1	70.2	68.5	13.7	8.9	4.8	1.6	4.0
	非導入	107	68.2	42.1	46.7	47.7	12.1	4.7	1.9	0.9	12.1

- 67 -

*＊＊ 第42回 広告動態調査 ＊＊＊ 2017年12月

4-9. 以下のインターネット関連の費用で、広告宣伝部予算に含まれるものがあれば教えてください。（複数回答）

		総数	オウンドメディアの制作・運営費	動画サイトなどに流す動画の制作費	スマートフォン用アプリの制作・更新費	SNSや無料通話アプリの有料アカウント費	ソーシャルメディア・コンテンツの制作、運営費	無回答
	全体	243	51.4	58.4	32.1	27.2	53.9	23.9
産業分野	エネルギー・素材	10	40.0	60.0	20.0	30.0	50.0	30.0
	食品・飲料	33	63.6	78.8	39.4	39.4	72.7	12.1
	医薬品・医療用品	10	70.0	70.0	40.0	30.0	50.0	20.0
	化粧品・トイレタリー	9	66.7	77.8	44.4	44.4	77.8	22.2
	ファッション	10	40.0	60.0	30.0	20.0	50.0	40.0
	出版	5	20.0	40.0	20.0	-	40.0	40.0
	産業機械	4	-	-	-	-	-	100.0
	精密・事務機器・文具	7	57.1	71.4	28.6	28.6	57.1	14.3
	電気機器・AV機器	13	76.9	69.2	15.4	15.4	61.5	7.7
	自動車・関連品	6	83.3	66.7	33.3	50.0	50.0	16.7
	家庭用品・レジャー用品	2	50.0	100.0	50.0	50.0	50.0	-
	不動産	8	25.0	62.5	12.5	-	25.0	12.5
	建設・住宅設備	21	47.6	42.9	42.9	19.0	47.6	33.3
	商社・流通・小売業	38	34.2	42.1	44.7	31.6	47.4	26.3
	金融・保険	19	63.2	63.2	36.8	31.6	57.9	21.1
	輸送・物流	7	57.1	57.1	14.3	14.3	42.9	42.9
	情報・通信	16	43.8	50.0	6.3	12.5	56.3	25.0
	サービス・レジャー	25	56.0	56.0	32.0	32.0	56.0	20.0
取引対象	BtoB企業	69	52.2	53.6	18.8	17.4	42.0	26.1
	BtoC企業	174	51.1	60.3	37.4	31.0	58.6	23.0
外資系／一般	一般	237	51.9	59.1	32.9	27.4	54.4	22.8
	外資系	6	33.3	33.3	-	16.7	33.3	66.7
広告宣伝費	10億円未満	85	40.0	43.5	21.2	17.6	38.8	29.4
	10億～20億円未満	31	45.2	54.8	35.5	12.9	67.7	22.6
	20億～30億円未満	18	66.7	77.8	44.4	38.9	83.3	11.1
	30億～50億円未満	19	68.4	78.9	31.6	36.8	57.9	10.5
	50億～100億円未満	21	61.9	76.2	47.6	33.3	66.7	14.3
	100億以上	23	73.9	69.6	56.5	47.8	65.2	17.4
広告費前年比	99以下	53	60.4	66.0	41.5	37.7	62.3	20.8
	100	94	48.9	54.3	31.9	27.7	48.9	23.4
	101以上	64	54.7	67.2	29.7	25.0	59.4	20.3
広告費見通し	99以下	35	54.3	62.9	48.6	37.1	57.1	22.9
	100	114	53.5	59.6	34.2	28.1	50.0	21.9
	101以上	55	54.5	63.6	21.8	25.5	63.6	21.8
ブランディング	重視していない	31	35.5	35.5	38.7	19.4	38.7	41.9
	重視している	142	52.1	61.3	31.0	30.3	52.1	21.8
	非常に重視している	69	56.5	62.3	30.4	24.6	63.8	20.3
統合戦略	導入	124	66.1	70.2	41.9	37.1	66.1	16.1
	非導入	107	39.3	49.5	22.4	18.7	43.9	27.1

4-10. 貴社では以下の点において、対策をとっていますか。
≪(1). ブランドが毀損されるようなサイト・ページに広告が掲載される可能性について。≫

		総数	信頼性、透明性が高いサイトを指定して、広告を出している	インターネット広告を減らしている	広告会社やメディアに任せて、特に対策は立てていない	インターネット広告は出していない	無回答
	全体	243	58.4	-	19.3	17.7	4.5
産業分野	エネルギー・素材	10	40.0	-	30.0	30.0	-
	食品・飲料	33	78.8	-	12.1	9.1	-
	医薬品・医療用品	10	60.0	-	20.0	10.0	10.0
	化粧品・トイレタリー	9	88.9	-	-	11.1	-
	ファッション	10	50.0	-	10.0	20.0	20.0
	出版	5	20.0	-	20.0	20.0	40.0
	産業機械	4	25.0	-	-	75.0	-
	精密・事務機器・文具	7	57.1	-	14.3	28.6	-
	電気機器・AV機器	13	61.5	-	15.4	15.4	7.7
	自動車・関連品	6	50.0	-	16.7	33.3	-
	家庭用品・レジャー用品	2	100.0	-	-	-	-
	不動産	8	75.0	-	12.5	12.5	-
	建設・住宅設備	21	61.9	-	23.8	9.5	4.8
	商社・流通・小売業	38	42.1	-	28.9	28.9	-
	金融・保険	19	63.2	-	10.5	15.8	10.5
	輸送・物流	7	57.1	-	28.6	14.3	-
	情報・通信	16	50.0	-	18.8	25.0	6.3
	サービス・レジャー	25	60.0	-	32.0	4.0	4.0
取引対象	BtoB企業	69	52.2	-	17.4	26.1	4.3
	BtoC企業	174	60.9	-	20.1	14.4	4.6
外資系／一般	一般	237	59.1	-	19.0	17.3	4.6
	外資系	6	33.3	-	33.3	33.3	-
広告宣伝費	10億円未満	85	50.6	-	21.2	24.7	3.5
	10億～20億円未満	31	51.6	-	25.8	16.1	6.5
	20億～30億円未満	18	44.4	-	27.8	27.8	-
	30億～50億円未満	19	52.6	-	36.8	10.5	-
	50億～100億円未満	21	61.9	-	23.8	4.8	9.5
	100億以上	23	91.3	-	-	8.7	-
前年広告費比	99以下	53	62.3	-	22.6	13.2	1.9
	100	94	57.4	-	17.0	22.3	3.2
	101以上	64	57.8	-	25.0	14.1	3.1
広告費見通し	99以下	35	57.1	-	22.9	14.3	5.7
	100	114	58.8	-	15.8	22.8	2.6
	101以上	55	56.4	-	32.7	10.9	-
ブランディング	重視していない	31	51.6	-	19.4	19.4	9.7
	重視している	142	53.5	-	22.5	19.7	4.2
	非常に重視している	69	71.0	-	13.0	13.0	2.9
統合戦略	導入	124	71.8	-	15.3	10.5	2.4
	非導入	107	46.7	-	23.4	27.1	2.8

*** 第42回 広告動態調査 *** 2017年12月

4-10. 貴社では以下の点において、対策をとっていますか。
≪(2). ページの一番下のような、あまり目に触れない位置への露出(インプレッション)もカウントされることについて。≫

		総数	掲出位置を指定して、広告を出している	インターネット広告を減らしている	広告会社やメディアに任せて、特に対策は立てていない	インターネット広告は出していない	無回答
	全体	243	44.0	2.5	28.8	17.3	7.4
産業分野	エネルギー・素材	10	50.0	-	20.0	30.0	-
	食品・飲料	33	54.5	3.0	27.3	9.1	6.1
	医薬品・医療用品	10	40.0	10.0	30.0	10.0	10.0
	化粧品・トイレタリー	9	66.7	-	22.2	11.1	-
	ファッション	10	30.0	-	30.0	20.0	20.0
	出版	5	-	-	40.0	20.0	40.0
	産業機械	4	-	-	25.0	75.0	-
	精密・事務機器・文具	7	42.9	-	28.6	28.6	-
	電気機器・AV機器	13	38.5	-	38.5	15.4	7.7
	自動車・関連品	6	50.0	16.7	16.7	16.7	-
	家庭用品・レジャー用品	2	50.0	-	50.0	-	-
	不動産	8	50.0	-	25.0	12.5	12.5
	建設・住宅設備	21	33.3	9.5	42.9	9.5	4.8
	商社・流通・小売業	38	47.4	2.6	15.8	26.3	7.9
	金融・保険	19	36.8	-	26.3	21.1	15.8
	輸送・物流	7	28.6	-	57.1	14.3	-
	情報・通信	16	43.8	-	25.0	25.0	6.3
	サービス・レジャー	25	56.0	-	36.0	4.0	4.0
取引対象	BtoB企業	69	36.2	2.9	29.0	26.1	5.8
	BtoC企業	174	47.1	2.3	28.7	13.8	8.0
外資系／一般	一般	237	44.3	2.1	28.7	17.3	7.6
	外資系	6	33.3	16.7	33.3	16.7	-
広告宣伝費	10億円未満	85	40.0	2.4	24.7	23.5	9.4
	10億～20億円未満	31	29.0	3.2	45.2	16.1	6.5
	20億～30億円未満	18	44.4	-	27.8	27.8	-
	30億～50億円未満	19	31.6	-	52.6	10.5	5.3
	50億～100億円未満	21	52.4	4.8	23.8	9.5	9.5
	100億以上	23	73.9	8.7	13.0	4.3	-
広告費前年比	99以下	53	54.7	1.9	26.4	13.2	3.8
	100	94	40.4	1.1	28.7	22.3	7.4
	101以上	64	40.6	6.3	35.9	12.5	4.7
広告費見通し	99以下	35	48.6	2.9	22.9	17.1	8.6
	100	114	41.2	3.5	27.2	21.1	7.0
	101以上	55	43.6	1.8	43.6	10.9	-
ブランディング	重視していない	31	41.9	-	25.8	19.4	12.9
	重視している	142	42.3	2.1	30.3	19.7	5.6
	非常に重視している	69	47.8	4.3	27.5	11.6	8.7
統合戦略	導入	124	50.8	2.4	33.9	8.9	4.0
	非導入	107	39.3	1.9	23.4	28.0	7.5

***　第42回　広告動態調査　***　2017年12月

4-10. 貴社では以下の点において、対策をとっていますか。
≪(3). ロボット（いわゆるボット）などによるクリックもカウントされる可能性について。≫

		総数	信頼性、透明性が高い特定媒体に限定して、広告を出している	インターネット広告を減らしている	広告会社やメディアに任せて、特に対策は立てていない	インターネット広告は出していない	無回答
	全体	243	40.3	0.8	32.5	18.1	8.2
産業分野	エネルギー・素材	10	20.0	-	40.0	30.0	10.0
	食品・飲料	33	60.6	3.0	21.2	12.1	3.0
	医薬品・医療用品	10	40.0	-	30.0	10.0	20.0
	化粧品・トイレタリー	9	77.8	-	11.1	11.1	-
	ファッション	10	40.0	-	20.0	20.0	20.0
	出版	5	-	-	40.0	20.0	40.0
	産業機械	4	-	-	25.0	75.0	-
	精密・事務機器・文具	7	28.6	-	42.9	28.6	-
	電気機器・AV機器	13	30.8	-	46.2	15.4	7.7
	自動車・関連品	6	83.3	-	-	16.7	-
	家庭用品・レジャー用品	2	50.0	-	50.0	-	-
	不動産	8	37.5	-	25.0	12.5	25.0
	建設・住宅設備	21	33.3	4.8	47.6	9.5	4.8
	商社・流通・小売業	38	31.6	-	28.9	31.6	7.9
	金融・保険	19	36.8	-	36.8	15.8	10.5
	輸送・物流	7	42.9	-	42.9	-	14.3
	情報・通信	16	31.3	-	31.3	31.3	6.3
	サービス・レジャー	25	48.0	-	44.0	4.0	4.0
取引対象	BtoB企業	69	26.1	-	34.8	30.4	8.7
	BtoC企業	174	46.0	1.1	31.6	13.2	8.0
外資系／一般	一般	237	40.1	0.8	32.5	18.1	8.4
	外資系	6	50.0	-	33.3	16.7	-
広告宣伝費	10億円未満	85	25.9	-	38.8	24.7	10.6
	10億～20億円未満	31	38.7	-	35.5	19.4	6.5
	20億～30億円未満	18	44.4	-	27.8	27.8	-
	30億～50億円未満	19	31.6	-	47.4	15.8	5.3
	50億～100億円未満	21	47.6	4.8	28.6	4.8	14.3
	100億以上	23	69.6	4.3	21.7	4.3	-
広告費前年比	99以下	53	49.1	1.9	30.2	17.0	1.9
	100	94	36.2	1.1	34.0	22.3	6.4
	101以上	64	42.2	-	34.4	12.5	10.9
広告費見通し	99以下	35	40.0	-	31.4	20.0	8.6
	100	114	37.7	1.8	31.6	22.8	6.1
	101以上	55	45.5	-	40.0	9.1	5.5
ブランディング	重視していない	31	35.5	-	32.3	19.4	12.9
	重視している	142	35.9	-	35.2	21.1	7.7
	非常に重視している	69	50.7	2.9	27.5	11.6	7.2
統合戦略	導入	124	52.4	0.8	33.1	9.7	4.0
	非導入	107	29.9	0.9	31.8	28.0	9.3

***　第42回　広告動態調査　***　2017年12月

5-1. 御社では近年(ここ3年以内程度)、広告宣伝活動に関わる部署の組織体制を変えたことがありますか。

		総数	ある	ない	無回答
	全体	243	28.0	71.2	0.8
産業分野	エネルギー・素材	10	10.0	90.0	-
	食品・飲料	33	24.2	75.8	-
	医薬品・医療用品	10	30.0	70.0	-
	化粧品・トイレタリー	9	33.3	66.7	-
	ファッション	10	40.0	60.0	-
	出版	5	20.0	80.0	-
	産業機械	4	-	100.0	-
	精密・事務機器・文具	7	42.9	57.1	-
	電気機器・AV機器	13	38.5	53.8	7.7
	自動車・関連品	6	50.0	50.0	-
	家庭用品・レジャー用品	2	-	100.0	-
	不動産	8	-	100.0	-
	建設・住宅設備	21	4.8	95.2	-
	商社・流通・小売業	38	34.2	65.8	-
	金融・保険	19	36.8	57.9	5.3
	輸送・物流	7	28.6	71.4	-
	情報・通信	16	37.5	62.5	-
	サービス・レジャー	25	32.0	68.0	-
取引対象	BtoB企業	69	26.1	72.5	1.4
	BtoC企業	174	28.7	70.7	0.6
外資系／一般	一般	237	28.3	70.9	0.8
	外資系	6	16.7	83.3	-
広告宣伝費	10億円未満	85	20.0	80.0	-
	10億～20億円未満	31	22.6	77.4	-
	20億～30億円未満	18	38.9	61.1	-
	30億～50億円未満	19	42.1	57.9	-
	50億～100億円未満	21	42.9	57.1	-
	100億以上	23	30.4	65.2	4.3
前年広告費比	99以下	53	35.8	64.2	-
	100	94	17.0	83.0	-
	101以上	64	37.5	62.5	-
広告費見通し	99以下	35	28.6	71.4	-
	100	114	21.9	78.1	-
	101以上	55	38.2	61.8	-
ブランディング	重視していない	31	32.3	67.7	-
	重視している	142	25.4	73.9	0.7
	非常に重視している	69	31.9	66.7	1.4
統合戦略	導入	124	36.3	62.9	0.8
	非導入	107	19.6	80.4	-

*** 第42回 広告動態調査 *** 2017年12月

5-2. 社内組織における広告部門と他部門の関係についてうかがいます。
≪(1). 事業部制を採用していますか。≫

		総数	採用している	採用していない	無回答
	全体	243	46.5	52.7	0.8
産業分野	エネルギー・素材	10	60.0	40.0	-
	食品・飲料	33	45.5	54.5	-
	医薬品・医療用品	10	50.0	50.0	-
	化粧品・トイレタリー	9	88.9	11.1	-
	ファッション	10	50.0	40.0	10.0
	出版	5	20.0	80.0	-
	産業機械	4	50.0	50.0	-
	精密・事務機器・文具	7	71.4	28.6	-
	電気機器・AV機器	13	61.5	38.5	-
	自動車・関連品	6	83.3	16.7	-
	家庭用品・レジャー用品	2	50.0	50.0	-
	不動産	8	50.0	50.0	-
	建設・住宅設備	21	42.9	57.1	-
	商社・流通・小売業	38	18.4	81.6	-
	金融・保険	19	68.4	26.3	5.3
	輸送・物流	7	42.9	57.1	-
	情報・通信	16	37.5	62.5	-
	サービス・レジャー	25	40.0	60.0	-
取引対象	BtoB企業	69	62.3	37.7	-
	BtoC企業	174	40.2	58.6	1.1
外資系／一般	一般	237	46.8	52.3	0.8
	外資系	6	33.3	66.7	-
広告宣伝費	10億円未満	85	41.2	58.8	-
	10億～20億円未満	31	41.9	58.1	-
	20億～30億円未満	18	44.4	55.6	-
	30億～50億円未満	19	52.6	47.4	-
	50億～100億円未満	21	61.9	38.1	-
	100億以上	23	69.6	30.4	-
広告費前年比	99以下	53	50.9	49.1	-
	100	94	46.8	53.2	-
	101以上	64	43.8	56.3	-
広告費見通し	99以下	35	40.0	60.0	-
	100	114	47.4	52.6	-
	101以上	55	50.9	49.1	-
ブランディング	重視していない	31	41.9	58.1	-
	重視している	142	43.7	55.6	0.7
	非常に重視している	69	55.1	43.5	1.4
統合戦略	導入	124	54.0	46.0	-
	非導入	107	41.1	58.9	-

*** 第42回　広告動態調査　***　2017年12月

5-2. 社内組織における広告部門と他部門の関係についてうかがいます。
≪(1)SQ1. 各事業部に広告担当を置いていますか。≫

		総数	広告部門は独立、各事業部に広告担当はいない	広告部門は独立しているが、各事業部にも広告担当がいる	広告部門は独立しておらず、各事業部に広告担当がいる	その他	無回答
	全体	113	51.3	33.6	12.4	1.8	0.9
産業分野	エネルギー・素材	6	50.0	-	50.0	-	-
	食品・飲料	15	73.3	20.0	6.7	-	-
	医薬品・医療用品	5	20.0	20.0	60.0	-	-
	化粧品・トイレタリー	8	100.0	-	-	-	-
	ファッション	5	60.0	20.0	20.0	-	-
	出版	1	-	-	-	100.0	-
	産業機械	2	-	100.0	-	-	-
	精密・事務機器・文具	5	60.0	40.0	-	-	-
	電気機器・AV機器	8	50.0	50.0	-	-	-
	自動車・関連品	5	-	80.0	20.0	-	-
	家庭用品・レジャー用品	1	100.0	-	-	-	-
	不動産	4	50.0	25.0	-	25.0	-
	建設・住宅設備	9	33.3	55.6	11.1	-	-
	商社・流通・小売業	7	57.1	28.6	14.3	-	-
	金融・保険	13	61.5	30.8	7.7	-	-
	輸送・物流	3	66.7	33.3	-	-	-
	情報・通信	6	33.3	50.0	-	-	16.7
	サービス・レジャー	10	30.0	50.0	20.0	-	-
取引対象	BtoB企業	43	48.8	39.5	11.6	-	-
	BtoC企業	70	52.9	30.0	12.9	2.9	1.4
外資系／一般	一般	111	51.4	33.3	12.6	1.8	0.9
	外資系	2	50.0	50.0	-	-	-
広告宣伝費	10億円未満	35	45.7	40.0	11.4	2.9	-
	10億～20億円未満	13	46.2	15.4	23.1	7.7	7.7
	20億～30億円未満	8	50.0	25.0	25.0	-	-
	30億～50億円未満	10	60.0	20.0	20.0	-	-
	50億～100億円未満	13	53.8	30.8	15.4	-	-
	100億以上	16	56.3	43.8	-	-	-
広告費前年比	99以下	27	51.9	33.3	14.8	-	-
	100	44	50.0	38.6	9.1	-	2.3
	101以上	28	64.3	25.0	7.1	3.6	-
広告費見通し	99以下	14	21.4	78.6	-	-	-
	100	54	50.0	37.0	13.0	-	-
	101以上	28	78.6	7.1	10.7	3.6	-
ブランディング	重視していない	13	23.1	23.1	38.5	7.7	7.7
	重視している	62	59.7	32.3	8.1	-	-
	非常に重視している	38	47.4	39.5	10.5	2.6	-
統合戦略	導入	67	55.2	35.8	7.5	1.5	-
	非導入	44	45.5	31.8	20.5	2.3	-

*** 第42回 広告動態調査 *** 2017年12月

5-2. 社内組織における広告部門と他部門の関係についてうかがいます。
≪(1)SQ2. 広告予算は広告宣伝部門、事業部どちらが管理していますか。≫

		総数	広告宣伝部門が一括	事業部が管理	その他	無回答
	全体	113	45.1	22.1	31.9	0.9
産業分野	エネルギー・素材	6	50.0	-	50.0	-
	食品・飲料	15	60.0	33.3	6.7	-
	医薬品・医療用品	5	20.0	40.0	40.0	-
	化粧品・トイレタリー	8	50.0	25.0	25.0	-
	ファッション	5	40.0	40.0	20.0	-
	出版	1	-	-	100.0	-
	産業機械	2	-	50.0	50.0	-
	精密・事務機器・文具	5	20.0	20.0	60.0	-
	電気機器・AV機器	8	50.0	-	50.0	-
	自動車・関連品	5	20.0	40.0	40.0	-
	家庭用品・レジャー用品	1	100.0	-	-	-
	不動産	4	50.0	-	50.0	-
	建設・住宅設備	9	33.3	11.1	55.6	-
	商社・流通・小売業	7	71.4	14.3	14.3	-
	金融・保険	13	46.2	30.8	23.1	-
	輸送・物流	3	100.0	-	-	-
	情報・通信	6	16.7	16.7	50.0	16.7
	サービス・レジャー	10	50.0	30.0	20.0	-
取引対象	BtoB企業	43	39.5	9.3	51.2	-
	BtoC企業	70	48.6	30.0	20.0	1.4
外資系／一般	一般	111	45.0	21.6	32.4	0.9
	外資系	2	50.0	50.0	-	-
広告宣伝費	10億円未満	35	54.3	11.4	34.3	-
	10億～20億円未満	13	38.5	30.8	23.1	7.7
	20億～30億円未満	8	25.0	37.5	37.5	-
	30億～50億円未満	10	60.0	10.0	30.0	-
	50億～100億円未満	13	38.5	30.8	30.8	-
	100億以上	16	50.0	31.3	18.8	-
広告費前年比	99以下	27	40.7	25.9	33.3	-
	100	44	40.9	25.0	31.8	2.3
	101以上	28	60.7	14.3	25.0	-
広告費見通し	99以下	14	28.6	28.6	42.9	-
	100	54	46.3	22.2	31.5	-
	101以上	28	53.6	25.0	21.4	-
ブランディング	重視していない	13	23.1	38.5	30.8	7.7
	重視している	62	51.6	21.0	27.4	-
	非常に重視している	38	42.1	18.4	39.5	-
統合戦略	導入	67	47.8	26.9	25.4	-
	非導入	44	40.9	15.9	43.2	-

*** 第42回 広告動態調査 *** 2017年12月

5-2. 社内組織における広告部門と他部門の関係についてうかがいます。
≪(2). 商品開発から広告宣伝、販売までを管理し、あるカテゴリーの商品を担当するブランドマネージャー制を採用していますか。≫

		総数	採用している	採用していない	無回答
	全体	243	14.4	83.1	2.5
産業分野	エネルギー・素材	10	-	100.0	-
	食品・飲料	33	24.2	69.7	6.1
	医薬品・医療用品	10	50.0	50.0	-
	化粧品・トイレタリー	9	55.6	44.4	-
	ファッション	10	10.0	90.0	-
	出版	5	-	100.0	-
	産業機械	4	25.0	75.0	-
	精密・事務機器・文具	7	-	100.0	-
	電気機器・AV機器	13	7.7	92.3	-
	自動車・関連品	6	16.7	83.3	-
	家庭用品・レジャー用品	2	-	100.0	-
	不動産	8	-	100.0	-
	建設・住宅設備	21	4.8	95.2	-
	商社・流通・小売業	38	5.3	92.1	2.6
	金融・保険	19	5.3	89.5	5.3
	輸送・物流	7	28.6	71.4	-
	情報・通信	16	18.8	81.3	-
	サービス・レジャー	25	16.0	76.0	8.0
取引対象	BtoB企業	69	10.1	88.4	1.4
	BtoC企業	174	16.1	81.0	2.9
外資系／一般	一般	237	14.3	83.1	2.5
	外資系	6	16.7	83.3	-
広告宣伝費	10億円未満	85	14.1	84.7	1.2
	10億〜20億円未満	31	12.9	83.9	3.2
	20億〜30億円未満	18	-	100.0	-
	30億〜50億円未満	19	5.3	94.7	-
	50億〜100億円未満	21	19.0	81.0	-
	100億以上	23	34.8	65.2	-
前年広告費比	99以下	53	13.2	86.8	-
	100	94	12.8	86.2	1.1
	101以上	64	17.2	81.3	1.6
広告費見通し	99以下	35	20.0	80.0	-
	100	114	14.9	83.3	1.8
	101以上	55	10.9	89.1	-
ブランディング	重視していない	31	12.9	87.1	-
	重視している	142	12.7	84.5	2.8
	非常に重視している	69	18.8	78.3	2.9
統合戦略	導入	124	19.4	78.2	2.4
	非導入	107	7.5	91.6	0.9

*** 第42回 広告動態調査 *** 2017年12月

5-2. 社内組織における広告部門と他部門の関係についてうかがいます。
≪(3). 広告企画を進めるにあたり、最も密接に連携する社内の機能・役割はどこですか。≫

		総数	広報	経営企画	営業	販売促進	商品開発	その他	無回答
	全体	243	35.8	16.9	51.9	50.6	38.3	6.2	2.9
産業分野	エネルギー・素材	10	80.0	20.0	40.0	40.0	20.0	-	10.0
	食品・飲料	33	21.2	12.1	45.5	45.5	60.6	12.1	6.1
	医薬品・医療用品	10	50.0	20.0	60.0	10.0	20.0	10.0	-
	化粧品・トイレタリー	9	33.3	11.1	33.3	55.6	55.6	11.1	-
	ファッション	10	10.0	-	60.0	80.0	60.0	-	-
	出版	5	20.0	-	60.0	80.0	40.0	-	-
	産業機械	4	50.0	50.0	50.0	50.0	25.0	-	-
	精密・事務機器・文具	7	71.4	28.6	14.3	42.9	57.1	-	-
	電気機器・AV機器	13	46.2	15.4	53.8	61.5	30.8	15.4	7.7
	自動車・関連品	6	66.7	-	66.7	66.7	16.7	-	-
	家庭用品・レジャー用品	2	-	50.0	50.0	50.0	-	-	-
	不動産	8	12.5	25.0	62.5	50.0	12.5	25.0	-
	建設・住宅設備	21	38.1	19.0	76.2	42.9	38.1	-	-
	商社・流通・小売業	38	13.2	13.2	60.5	57.9	26.3	2.6	2.6
	金融・保険	19	47.4	36.8	31.6	52.6	57.9	5.3	5.3
	輸送・物流	7	85.7	14.3	57.1	42.9	28.6	14.3	-
	情報・通信	16	37.5	12.5	50.0	37.5	31.3	6.3	-
	サービス・レジャー	25	40.0	16.0	48.0	56.0	36.0	4.0	4.0
取引対象	BtoB企業	69	52.2	23.2	44.9	42.0	26.1	7.2	4.3
	BtoC企業	174	29.3	14.4	54.6	54.0	43.1	5.7	2.3
外資系／一般	一般	237	36.3	17.3	51.9	50.2	38.8	6.3	3.0
	外資系	6	16.7	-	50.0	66.7	16.7	-	-
広告宣伝費	10億円未満	85	32.9	14.1	51.8	50.6	35.3	5.9	1.2
	10億～20億円未満	31	41.9	16.1	41.9	58.1	38.7	-	3.2
	20億～30億円未満	18	55.6	16.7	50.0	44.4	44.4	-	-
	30億～50億円未満	19	47.4	31.6	47.4	57.9	31.6	5.3	-
	50億～100億円未満	21	23.8	14.3	76.2	47.6	42.9	9.5	-
	100億以上	23	30.4	17.4	56.5	56.5	60.9	8.7	-
前年広告費比	99以下	53	34.0	15.1	47.2	60.4	50.9	9.4	-
	100	94	29.8	13.8	50.0	45.7	40.4	6.4	2.1
	101以上	64	51.6	23.4	60.9	51.6	31.3	6.3	3.1
広告費見通し	99以下	35	25.7	20.0	68.6	65.7	51.4	5.7	-
	100	114	36.0	15.8	45.6	43.0	36.0	5.3	2.6
	101以上	55	43.6	16.4	56.4	58.2	40.0	9.1	1.8
ブランディング	重視していない	31	29.0	9.7	58.1	58.1	38.7	3.2	-
	重視している	142	33.8	14.8	49.3	48.6	34.5	4.9	3.5
	非常に重視している	69	43.5	24.6	53.6	52.2	44.9	10.1	2.9
統合戦略	導入	124	36.3	16.9	50.0	50.8	45.2	9.7	3.2
	非導入	107	38.3	17.8	51.4	49.5	29.0	2.8	1.9

*** 第42回 広告動態調査 *** 2017年12月

5-3. 広告効果に関連する調査をしていますか。(複数回答)

		総数	定期的に実施	大型の広告キャンペーン時に実施	不定期に実施	掲載数日後など短期間で成果を検証	実施していない	無回答
	全体	243	48.1	28.8	23.5	10.7	12.8	1.6
産業分野	エネルギー・素材	10	60.0	10.0	30.0	10.0	20.0	-
	食品・飲料	33	60.6	39.4	21.2	9.1	3.0	-
	医薬品・医療用品	10	50.0	40.0	30.0	10.0	-	-
	化粧品・トイレタリー	9	77.8	44.4	22.2	11.1	-	-
	ファッション	10	50.0	40.0	40.0	10.0	10.0	-
	出版	5	-	20.0	-	40.0	20.0	20.0
	産業機械	4	50.0	-	25.0	25.0	25.0	-
	精密・事務機器・文具	7	14.3	-	42.9	-	42.9	-
	電気機器・AV機器	13	23.1	53.8	30.8	7.7	7.7	-
	自動車・関連品	6	66.7	66.7	33.3	-	-	-
	家庭用品・レジャー用品	2	50.0	50.0	50.0	-	-	-
	不動産	8	50.0	25.0	25.0	12.5	12.5	-
	建設・住宅設備	21	42.9	23.8	19.0	-	14.3	4.8
	商社・流通・小売業	38	34.2	18.4	21.1	5.3	26.3	-
	金融・保険	19	63.2	26.3	15.8	15.8	5.3	5.3
	輸送・物流	7	14.3	28.6	71.4	-	14.3	-
	情報・通信	16	43.8	25.0	6.3	18.8	18.8	6.3
	サービス・レジャー	25	68.0	24.0	16.0	24.0	8.0	-
取引対象	BtoB企業	69	37.7	31.9	21.7	7.2	14.5	-
	BtoC企業	174	52.3	27.6	24.1	12.1	12.1	2.3
外資系／一般	一般	237	48.5	28.7	22.8	11.0	12.7	1.7
	外資系	6	33.3	33.3	50.0	-	16.7	-
広告宣伝費	10億円未満	85	36.5	21.2	25.9	14.1	22.4	-
	10億～20億未満	31	48.4	22.6	19.4	9.7	12.9	3.2
	20億～30億未満	18	61.1	16.7	11.1	11.1	16.7	-
	30億～50億未満	19	68.4	52.6	15.8	15.8	5.3	-
	50億～100億未満	21	71.4	42.9	14.3	9.5	4.8	4.8
	100億以上	23	73.9	30.4	21.7	4.3	-	-
広告費前年比	99以下	53	43.4	24.5	32.1	13.2	7.5	3.8
	100	94	46.8	27.7	21.3	9.6	17.0	1.1
	101以上	64	57.8	35.9	18.8	10.9	9.4	-
広告費見通し	99以下	35	57.1	28.6	22.9	14.3	8.6	5.7
	100	114	46.5	29.8	26.3	12.3	13.2	-
	101以上	55	47.3	30.9	18.2	7.3	12.7	-
ブランディング	重視していない	31	45.2	6.5	9.7	19.4	29.0	6.5
	重視している	142	44.4	33.1	24.6	9.2	13.4	0.7
	非常に重視している	69	58.0	30.4	27.5	10.1	2.9	1.4
統合戦略	導入	124	61.3	37.1	25.0	12.9	2.4	-
	非導入	107	33.6	22.4	22.4	9.3	24.3	0.9

*** 第42回 広告動態調査 *** 2017年12月

5-4. 広告効果に関する調査の依頼先はどこですか。(複数回答)

		総数	キャンペーンを依頼した広告会社	キャンペーンを依頼したのとは別の広告会社	広告を出稿したメディア企業	専門の調査会社	自社内、グループ内の組織	その他	無回答
	全体	243	44.9	7.4	16.5	43.2	19.8	2.5	12.8
産業分野	エネルギー・素材	10	20.0	10.0	-	50.0	10.0	10.0	30.0
	食品・飲料	33	51.5	9.1	21.2	72.7	12.1	-	3.0
	医薬品・医療用品	10	70.0	-	20.0	60.0	-	10.0	-
	化粧品・トイレタリー	9	66.7	33.3	22.2	88.9	22.2	-	-
	ファッション	10	60.0	-	20.0	40.0	30.0	10.0	10.0
	出版	5	20.0	-	-	20.0	60.0	-	20.0
	産業機械	4	50.0	25.0	-	25.0	-	-	25.0
	精密・事務機器・文具	7	28.6	14.3	-	28.6	-	-	42.9
	電気機器・AV機器	13	53.8	7.7	23.1	38.5	-	-	7.7
	自動車・関連品	6	83.3	-	16.7	83.3	-	-	16.7
	家庭用品・レジャー用品	2	50.0	-	50.0	50.0	-	-	-
	不動産	8	25.0	12.5	25.0	25.0	37.5	-	12.5
	建設・住宅設備	21	52.4	9.5	33.3	19.0	9.5	-	14.3
	商社・流通・小売業	38	26.3	7.9	7.9	21.1	36.8	-	21.1
	金融・保険	19	47.4	-	26.3	52.6	15.8	5.3	10.5
	輸送・物流	7	71.4	-	-	28.6	-	14.3	14.3
	情報・通信	16	31.3	6.3	18.8	37.5	31.3	-	12.5
	サービス・レジャー	25	44.0	4.0	8.0	44.0	32.0	4.0	8.0
取引対象	BtoB企業	69	49.3	8.7	21.7	40.6	5.8	2.9	14.5
	BtoC企業	174	43.1	6.9	14.4	44.3	25.3	2.3	12.1
外資系/一般	一般	237	45.1	7.6	16.0	42.6	19.8	2.5	13.1
	外資系	6	33.3	-	33.3	66.7	16.7	-	-
広告宣伝費	10億円未満	85	28.2	4.7	16.5	25.9	29.4	4.7	18.8
	10億～20億円未満	31	45.2	6.5	25.8	51.6	19.4	-	9.7
	20億～30億円未満	18	50.0	-	-	50.0	16.7	-	16.7
	30億～50億円未満	19	52.6	15.8	-	47.4	10.5	-	10.5
	50億～100億円未満	21	47.6	4.8	14.3	61.9	9.5	4.8	9.5
	100億以上	23	69.6	21.7	34.8	56.5	26.1	-	4.3
前年広告費比	99以下	53	50.9	7.5	20.8	41.5	22.6	-	9.4
	100	94	34.0	9.6	17.0	39.4	18.1	2.1	18.1
	101以上	64	51.6	6.3	9.4	51.6	20.3	3.1	6.3
見通し広告費	99以下	35	40.0	14.3	20.0	40.0	28.6	-	14.3
	100	114	40.4	4.4	18.4	46.5	20.2	2.6	11.4
	101以上	55	56.4	10.9	9.1	41.8	12.7	-	10.9
ブランディング	重視していない	31	25.8	-	6.5	16.1	32.3	-	29.0
	重視している	142	46.5	9.2	15.5	45.8	17.6	3.5	10.6
	非常に重視している	69	50.7	7.2	23.2	50.7	18.8	1.4	8.7
統合戦略	導入	124	56.5	7.3	21.0	58.9	12.1	2.4	4.8
	非導入	107	32.7	7.5	10.3	27.1	28.0	1.9	18.7

*** 第42回 広告動態調査 *** 2017年12月

5-5. 広告効果に関する調査費用は広告宣伝費のどのくらいを占めますか。

総数欄は広告費累積額(億円)

		総数	0%	1%未満	1%台	2～3%未満	3～6%未満	6～19%未満	19%以上	平均
	全体	5,714.8	16.3	31.4	34.6	7.8	7.8	2.1	-	1.1
産業分野	エネルギー・素材	97.7	7.6	21.2	-	42.9	28.4	-	-	1.8
	食品・飲料	1,448.8	1.3	21.6	58.9	17.0	1.3	-	-	1.1
	医薬品・医療用品	176.7	-	23.1	28.2	44.0	4.6	-	-	1.5
	化粧品・トイレタリー	572.7	-	41.4	44.0	-	-	14.6	-	1.5
	ファッション	279.8	12.8	26.2	61.0	-	-	-	-	0.7
	出版	-	-	-	-	-	-	-	-	-
	産業機械	15.1	5.3	-	94.7	-	-	-	-	0.9
	精密・事務機器・文具	153.0	20.4	4.4	75.2	-	-	-	-	0.8
	電気機器・AV機器	155.8	-	87.5	0.3	-	12.1	-	-	0.5
	自動車・関連品	302.6	-	3.3	66.1	-	30.6	-	-	1.6
	家庭用品・レジャー用品	4.0	-	-	-	-	100.0	-	-	3.0
	不動産	70.9	8.2	91.8	-	-	-	-	-	0.4
	建設・住宅設備	348.2	5.1	84.9	4.6	4.4	1.0	-	-	0.3
	商社・流通・小売業	633.9	31.2	55.2	13.1	-	0.6	-	-	0.4
	金融・保険	759.3	49.2	9.5	14.9	-	22.1	4.2	-	1.3
	輸送・物流	68.5	53.1	42.3	-	4.5	-	-	-	0.2
	情報・通信	115.0	7.6	81.7	-	-	6.0	4.7	-	1.0
	サービス・レジャー	512.8	38.8	10.0	21.4	12.0	17.8	-	-	1.3
取引対象	BtoB企業	730.4	13.8	44.9	23.8	0.3	17.2	-	-	1.1
	BtoC企業	4,984.4	16.7	29.4	36.2	8.9	6.4	2.4	-	1.1
一般／外資系	一般	5,580.3	16.7	31.9	35.2	8.0	6.1	2.2	-	1.0
	外資系	134.5	-	12.6	10.0	-	77.3	-	-	2.5
広告宣伝費	10億円未満	321.0	41.9	32.1	11.2	3.7	9.4	1.7	-	0.9
	10億～20億円未満	327.3	15.4	45.3	16.7	4.7	17.9	-	-	1.1
	20億～30億円未満	380.7	21.3	40.1	25.5	-	13.1	-	-	0.9
	30億～50億円未満	590.4	23.8	37.7	26.0	7.1	-	5.4	-	1.0
	50億～100億円未満	1,194.3	-	35.1	23.8	16.9	17.1	7.0	-	1.7
	100億以上	2,901.1	18.1	25.8	46.6	6.0	3.4	-	-	0.8
前年広告費比	99以下	1,465.1	14.8	14.9	59.1	8.2	3.1	-	-	0.9
	100	2,832.3	13.3	41.7	23.2	11.4	10.2	0.2	-	1.0
	101以上	1,271.5	23.2	25.3	35.7	0.2	6.5	9.1	-	1.4
広告費見通し	99以下	1,622.5	14.7	21.1	52.3	2.6	9.4	-	-	1.0
	100	2,761.9	14.8	40.1	30.3	6.3	8.3	0.2	-	0.9
	101以上	1,013.2	10.7	22.8	28.8	22.6	3.6	11.4	-	1.7
ブランディング	重視していない	266.4	37.5	6.7	36.7	-	7.1	12.0	-	1.9
	重視している	3,080.3	6.4	33.6	43.4	6.9	6.8	2.9	-	1.2
	非常に重視している	2,368.1	26.9	31.3	23.0	9.8	9.1	-	-	0.8
統合戦略	導入	4,143.5	16.2	25.7	41.1	9.7	5.3	2.0	-	1.0
	非導入	1,551.5	16.5	47.1	17.7	2.9	13.5	2.4	-	1.0

*** 第42回 広告動態調査 *** 2017年12月

5-6. 広告効果をどのようなデータから把握していますか。(複数回答)

		総数	広告の注目率調査	視聴率調査	広告の認知率調査	広告の好感度などクリエイティブ調査	商品・ブランドの認知率調査	商品・ブランドの購買意向調査	商品・ブランドの売上高調査	POSデータ	自社サイトのアクセス数	自社サイトやSNSアカウントの登録数、フォロワー数
	全体	243	20.2	35.0	51.4	44.4	44.0	28.0	25.5	21.8	58.4	38.7
産業分野	エネルギー・素材	10	20.0	40.0	80.0	60.0	40.0	10.0	10.0	10.0	60.0	50.0
	食品・飲料	33	27.3	45.5	75.8	75.8	84.8	72.7	42.4	42.4	48.5	39.4
	医薬品・医療用品	10	20.0	20.0	80.0	70.0	80.0	80.0	60.0	60.0	60.0	20.0
	化粧品・トイレタリー	9	33.3	66.7	100.0	88.9	88.9	77.8	55.6	66.7	66.7	66.7
	ファッション	10	10.0	20.0	30.0	30.0	40.0	20.0	10.0	30.0	60.0	50.0
	出版	5	-	-	20.0	20.0	20.0	-	40.0	40.0	40.0	20.0
	産業機械	4	25.0	50.0	75.0	50.0	25.0	-	-	-	-	-
	精密・事務機器・文具	7	14.3	28.6	14.3	28.6	28.6	-	14.3	-	57.1	57.1
	電気機器・AV機器	13	38.5	38.5	69.2	46.2	38.5	23.1	30.8	7.7	69.2	61.5
	自動車・関連品	6	33.3	33.3	83.3	66.7	83.3	33.3	16.7	-	83.3	50.0
	家庭用品・レジャー用品	2	50.0	100.0	100.0	50.0	-	-	-	-	-	-
	不動産	8	-	-	12.5	12.5	-	-	12.5	-	62.5	-
	建設・住宅設備	21	28.6	52.4	57.1	66.7	52.4	14.3	9.5	-	66.7	42.9
	商社・流通・小売業	38	10.5	21.1	21.1	13.2	10.5	13.2	21.1	42.1	57.9	34.2
	金融・保険	19	21.1	47.4	42.1	36.8	57.9	15.8	26.3	-	57.9	36.8
	輸送・物流	7	-	14.3	28.6	14.3	28.6	-	28.6	-	85.7	28.6
	情報・通信	16	18.8	31.3	56.3	25.0	18.8	18.8	18.8	-	43.8	25.0
	サービス・レジャー	25	20.0	36.0	44.0	44.0	40.0	28.0	24.0	16.0	68.0	48.0
取引対象	BtoB企業	69	31.9	34.8	68.1	49.3	34.8	13.0	17.4	7.2	49.3	29.0
	BtoC企業	174	15.5	35.1	44.8	42.5	47.7	33.9	28.7	27.6	62.1	42.5
外資系／一般	一般	237	20.3	34.6	51.5	44.3	43.9	27.8	25.7	22.4	57.4	37.6
	外資系	6	16.7	50.0	50.0	50.0	50.0	33.3	16.7	-	100.0	83.3
広告宣伝費	10億円未満	85	14.1	21.2	30.6	22.4	27.1	9.4	18.8	18.8	55.3	27.1
	10億～20億円未満	31	22.6	35.5	54.8	45.2	45.2	25.8	29.0	25.8	58.1	38.7
	20億～30億円未満	18	5.6	27.8	55.6	50.0	44.4	22.2	22.2	38.9	77.8	55.6
	30億～50億円未満	19	31.6	31.6	73.7	63.2	63.2	47.4	21.1	26.3	47.4	36.8
	50億～100億円未満	21	42.9	52.4	76.2	71.4	57.1	52.4	38.1	14.3	66.7	57.1
	100億以上	23	43.5	73.9	73.9	65.2	73.9	60.9	39.1	30.4	82.6	69.6
前年広告費比	99以下	53	28.3	41.5	54.7	45.3	47.2	32.1	32.1	26.4	58.5	49.1
	100	94	16.0	31.9	52.1	46.8	42.6	29.8	21.3	23.4	55.3	34.0
	101以上	64	26.6	40.6	57.8	46.9	50.0	28.1	25.0	18.8	65.6	40.6
広告費見通し	99以下	35	45.7	54.3	57.1	34.3	48.6	31.4	40.0	25.7	57.1	40.0
	100	114	13.2	32.5	52.6	47.4	45.6	28.9	23.7	22.8	59.6	37.7
	101以上	55	23.6	36.4	58.2	54.5	47.3	32.7	23.6	23.6	61.8	43.6
ブランディング	重視していない	31	6.5	9.7	19.4	19.4	25.8	12.9	25.8	29.0	48.4	22.6
	重視している	142	16.9	35.9	52.8	43.7	45.8	29.6	23.9	21.8	59.9	36.6
	非常に重視している	69	33.3	44.9	63.8	58.0	49.3	31.9	29.0	18.8	60.9	50.7
統合戦略	導入	124	29.0	47.6	67.7	57.3	58.1	39.5	30.6	23.4	67.7	50.8
	非導入	107	11.2	23.4	36.4	31.8	31.8	16.8	17.8	20.6	51.4	28.0

*＊＊ 第42回 広告動態調査 ＊＊＊ 2017年12月

5-6. 広告効果をどのようなデータから把握していますか。(複数回答)

		総数	1クリック当たりの広告コスト(CPC)	1件当たりの成果獲得にかかった広告コスト(CPA)	商品・ブランドのイメージ、ロイヤリティー調査	景品の応募や資料請求、問い合わせの件数	企業の知名度調査	企業イメージ、好意度調査	自社サイトのアクセス解析	ブログやソーシャルメディアへの書き込み件数	その他	測定していない
	全体	243	45.7	33.7	31.3	29.2	28.8	37.9	46.5	18.1	1.2	3.7
産業分野	エネルギー・素材	10	50.0	30.0	20.0	40.0	80.0	80.0	50.0	10.0	-	10.0
	食品・飲料	33	45.5	21.2	72.7	33.3	27.3	54.5	48.5	36.4	-	-
	医薬品・医療用品	10	60.0	50.0	50.0	30.0	20.0	20.0	50.0	10.0	-	-
	化粧品・トイレタリー	9	66.7	55.6	55.6	55.6	44.4	55.6	66.7	66.7	-	-
	ファッション	10	40.0	-	40.0	20.0	20.0	20.0	40.0	-	20.0	-
	出版	5	-	20.0	-	20.0	-	-	20.0	20.0	-	-
	産業機械	4	-	-	-	-	50.0	50.0	-	-	-	25.0
	精密・事務機器・文具	7	28.6	14.3	14.3	14.3	42.9	42.9	42.9	42.9	-	14.3
	電気機器・AV機器	13	76.9	46.2	23.1	15.4	61.5	76.9	53.8	23.1	-	-
	自動車・関連品	6	66.7	50.0	50.0	50.0	33.3	50.0	50.0	50.0	-	-
	家庭用品・レジャー用品	2	-	-	-	50.0	-	-	-	-	-	-
	不動産	8	50.0	50.0	-	37.5	25.0	25.0	62.5	-	-	12.5
	建設・住宅設備	21	66.7	47.6	42.9	38.1	33.3	57.1	57.1	4.8	-	4.8
	商社・流通・小売業	38	21.1	18.4	15.8	18.4	10.5	10.5	36.8	10.5	2.6	5.3
	金融・保険	19	68.4	63.2	26.3	31.6	47.4	47.4	31.6	5.3	-	-
	輸送・物流	7	42.9	14.3	-	-	14.3	28.6	57.1	-	-	-
	情報・通信	16	25.0	18.8	12.5	12.5	12.5	25.0	43.8	12.5	-	6.3
	サービス・レジャー	25	52.0	56.0	28.0	48.0	20.0	24.0	60.0	24.0	-	4.0
取引対象	BtoB企業	69	43.5	26.1	20.3	21.7	52.2	56.5	42.0	11.6	-	7.2
	BtoC企業	174	46.6	36.8	35.6	32.2	19.5	30.5	48.3	20.7	1.7	2.3
外資系/一般	一般	237	45.1	32.9	31.2	29.1	28.7	37.6	47.3	17.7	1.3	3.8
	外資系	6	66.7	66.7	33.3	33.3	33.3	50.0	16.7	33.3	-	-
広告宣伝費	10億円未満	85	31.8	31.8	10.6	25.9	22.4	27.1	41.2	9.4	-	9.4
	10億～20億円未満	31	48.4	25.8	29.0	32.3	25.8	25.8	41.9	12.9	3.2	-
	20億～30億円未満	18	61.1	55.6	44.4	38.9	33.3	44.4	61.1	16.7	5.6	-
	30億～50億円未満	19	42.1	36.8	31.6	26.3	47.4	47.4	52.6	26.3	-	-
	50億～100億円未満	21	57.1	47.6	66.7	33.3	38.1	47.6	61.9	33.3	-	4.8
	100億以上	23	73.9	47.8	52.2	39.1	34.8	60.9	65.2	43.5	4.3	-
前年広告費比	99以下	53	47.2	35.8	26.4	20.8	22.6	35.8	47.2	24.5	-	1.9
	100	94	45.7	34.0	31.9	35.1	27.7	38.3	42.6	17.0	1.1	4.3
	101以上	64	51.6	40.6	37.5	29.7	37.5	42.2	57.8	18.8	1.6	3.1
広告費見通し	99以下	35	51.4	40.0	31.4	22.9	22.9	40.0	45.7	28.6	2.9	2.9
	100	114	44.7	34.2	30.7	30.7	28.1	36.8	44.7	14.9	0.9	3.5
	101以上	55	49.1	38.2	38.2	30.9	36.4	43.6	65.5	21.8	-	3.6
ブランディング	重視していない	31	29.0	32.3	6.5	22.6	9.7	9.7	32.3	9.7	3.2	6.5
	重視している	142	43.0	31.0	30.3	28.2	29.6	33.8	45.1	15.5	0.7	4.2
	非常に重視している	69	59.4	40.6	44.9	34.8	36.2	59.4	56.5	27.5	1.4	-
統合戦略	導入	124	57.3	43.5	47.6	37.1	29.0	42.7	56.5	27.4	1.6	0.8
	非導入	107	33.6	24.3	14.0	20.6	31.8	34.6	39.3	9.3	0.9	7.5

*** 第42回 広告動態調査 *** 2017年12月

5-6. 広告効果をどのようなデータから把握していますか。(複数回答)

		総数	無回答
	全体	243	5.3
産業分野	エネルギー・素材	10	-
	食品・飲料	33	-
	医薬品・医療用品	10	-
	化粧品・トイレタリー	9	-
	ファッション	10	10.0
	出版	5	20.0
	産業機械	4	-
	精密・事務機器・文具	7	28.6
	電気機器・AV機器	13	-
	自動車・関連品	6	16.7
	家庭用品・レジャー用品	2	-
	不動産	8	12.5
	建設・住宅設備	21	-
	商社・流通・小売業	38	10.5
	金融・保険	19	5.3
	輸送・物流	7	-
	情報・通信	16	12.5
	サービス・レジャー	25	-
取引対象	BtoB企業	69	2.9
	BtoC企業	174	6.3
外資系／一般	一般	237	5.5
	外資系	6	-
広告宣伝費	10億円未満	85	5.9
	10億～20億円未満	31	12.9
	20億～30億円未満	18	-
	30億～50億円未満	19	-
	50億～100億円未満	21	4.8
	100億以上	23	-
広告費前年比	99以下	53	3.8
	100	94	6.4
	101以上	64	1.6
広告費見通し	99以下	35	5.7
	100	114	3.5
	101以上	55	1.8
ブランディング	重視していない	31	12.9
	重視している	142	3.5
	非常に重視している	69	5.8
統合戦略	導入	124	2.4
	非導入	107	4.7

＊＊＊　第42回　広告動態調査　＊＊＊　2017年12月

6-1. 2017年度の広告活動、キャンペーンについて、広告会社にどのような業務を委託していますか。(複数回答)

		総数	総合的なマーケティング計画	商品開発計画	商品(ブランド)の市場調査	商品のパッケージ・デザイン計画	広告計画の立案	メディアプランニング	クリエイティブの企画	新聞広告制作	雑誌広告制作	テレビCM制作
	全体	243	23.5	2.1	14.8	9.5	31.3	39.9	57.6	57.2	42.8	65.8
産業分野	エネルギー・素材	10	30.0	-	20.0	10.0	30.0	40.0	80.0	70.0	70.0	70.0
	食品・飲料	33	45.5	9.1	21.2	24.2	33.3	57.6	81.8	78.8	69.7	81.8
	医薬品・医療用品	10	30.0	-	40.0	20.0	50.0	50.0	90.0	40.0	30.0	80.0
	化粧品・トイレタリー	9	66.7	-	44.4	22.2	66.7	77.8	77.8	77.8	77.8	88.9
	ファッション	10	20.0	-	30.0	30.0	40.0	50.0	40.0	30.0	50.0	40.0
	出版	5	-	-	-	-	-	-	20.0	40.0	-	20.0
	産業機械	4	25.0	-	-	-	25.0	-	25.0	50.0	50.0	25.0
	精密・事務機器・文具	7	28.6	-	14.3	14.3	57.1	57.1	57.1	57.1	42.9	85.7
	電気機器・AV機器	13	15.4	-	7.7	-	46.2	61.5	76.9	76.9	53.8	53.8
	自動車・関連品	6	16.7	-	66.7	-	33.3	100.0	83.3	66.7	66.7	100.0
	家庭用品・レジャー用品	2	-	-	-	-	-	-	100.0	100.0	100.0	100.0
	不動産	8	-	-	-	-	25.0	12.5	62.5	75.0	37.5	75.0
	建設・住宅設備	21	14.3	-	4.8	9.5	28.6	28.6	71.4	52.4	47.6	66.7
	商社・流通・小売業	38	13.2	2.6	7.9	-	18.4	13.2	23.7	52.6	15.8	57.9
	金融・保険	19	26.3	5.3	5.3	15.8	47.4	42.1	47.4	52.6	36.8	68.4
	輸送・物流	7	14.3	-	14.3	-	-	42.9	71.4	100.0	85.7	100.0
	情報・通信	16	12.5	-	6.3	-	31.3	25.0	50.0	31.3	25.0	50.0
	サービス・レジャー	25	24.0	-	12.0	4.0	20.0	48.0	44.0	36.0	20.0	52.0
取引対象	BtoB企業	69	14.5	-	8.7	4.3	31.9	39.1	68.1	66.7	52.2	63.8
	BtoC企業	174	27.0	2.9	17.2	11.5	31.0	40.2	53.4	53.4	39.1	66.7
外資系／一般	一般	237	23.6	2.1	14.8	9.7	31.2	40.1	57.8	57.4	43.5	66.2
	外資系	6	16.7	-	16.7	-	33.3	33.3	50.0	50.0	16.7	50.0
広告宣伝費	10億円未満	85	15.3	-	3.5	5.9	23.5	20.0	41.2	47.1	31.8	47.1
	10億～20億円未満	31	19.4	-	3.2	3.2	32.3	51.6	58.1	41.9	25.8	71.0
	20億～30億円未満	18	22.2	-	33.3	11.1	38.9	44.4	50.0	50.0	33.3	61.1
	30億～50億円未満	19	36.8	5.3	36.8	15.8	36.8	47.4	84.2	73.7	52.6	89.5
	50億～100億円未満	21	28.6	-	28.6	14.3	47.6	61.9	76.2	85.7	66.7	95.2
	100億以上	23	43.5	8.7	39.1	21.7	39.1	56.5	65.2	73.9	60.9	82.6
前年比広告費	99以下	53	30.2	3.8	18.9	11.3	24.5	37.7	60.4	60.4	45.3	64.2
	100	94	21.3	2.1	13.8	13.8	33.0	41.5	61.7	62.8	47.9	71.3
	101以上	64	21.9	1.6	12.5	4.7	32.8	42.2	60.9	56.3	40.6	71.9
見通し広告費	99以下	35	28.6	2.9	22.9	17.1	25.7	40.0	54.3	62.9	48.6	71.4
	100	114	21.1	1.8	9.6	7.9	32.5	33.3	59.6	56.1	40.4	67.5
	101以上	55	25.5	-	20.0	10.9	30.9	52.7	67.3	67.3	50.9	70.9
ブランディング	重視していない	31	12.9	-	3.2	6.5	19.4	16.1	19.4	19.4	6.5	38.7
	重視している	142	23.9	2.1	12.7	11.3	31.7	39.4	59.9	59.9	41.5	65.5
	非常に重視している	69	27.5	2.9	24.6	7.2	36.2	52.2	71.0	68.1	62.3	78.3
統合戦略	導入	124	34.7	2.4	23.4	12.1	37.9	54.8	68.5	61.3	52.4	79.0
	非導入	107	12.1	1.9	6.5	6.5	25.2	24.3	49.5	55.1	34.6	53.3

***　第42回　広告動態調査　***　2017年12月

6-1. 2017年度の広告活動、キャンペーンについて、広告会社にどのような業務を委託していますか。(複数回答)

		総数	ラジオCM制作	インターネット広告制作	マスコミ媒体以外の広告制作	媒体購入	広告出稿の管理	インターネット広告の運用	タレントの起用	広告効果の測定	広告以外のプロモーション活動	広報活動
	全体	243	34.2	57.2	23.0	56.8	36.6	43.6	43.2	40.3	18.1	8.6
産業分野	エネルギー・素材	10	20.0	50.0	50.0	70.0	40.0	40.0	10.0	50.0	20.0	20.0
	食品・飲料	33	63.6	69.7	30.3	75.8	30.3	54.5	60.6	48.5	27.3	15.2
	医薬品・医療用品	10	20.0	60.0	20.0	70.0	60.0	50.0	60.0	50.0	10.0	-
	化粧品・トイレタリー	9	44.4	77.8	55.6	88.9	55.6	77.8	88.9	55.6	55.6	22.2
	ファッション	10	20.0	60.0	20.0	60.0	20.0	50.0	30.0	30.0	10.0	-
	出版	5	20.0	60.0	-	40.0	-	40.0	-	-	20.0	20.0
	産業機械	4	25.0	-	-	50.0	-	-	-	25.0	-	25.0
	精密・事務機器・文具	7	42.9	57.1	57.1	85.7	42.9	42.9	42.9	28.6	14.3	14.3
	電気機器・AV機器	13	30.8	76.9	30.8	69.2	46.2	30.8	46.2	53.8	38.5	-
	自動車・関連品	6	83.3	83.3	33.3	50.0	50.0	66.7	100.0	66.7	33.3	16.7
	家庭用品・レジャー用品	2	50.0	100.0	-	50.0	50.0	50.0	-	-	-	-
	不動産	8	12.5	37.5	12.5	62.5	50.0	50.0	25.0	37.5	25.0	-
	建設・住宅設備	21	33.3	52.4	19.0	52.4	23.8	38.1	33.3	47.6	9.5	4.8
	商社・流通・小売業	38	28.9	31.6	10.5	23.7	31.6	21.1	39.5	18.4	7.9	5.3
	金融・保険	19	26.3	68.4	31.6	57.9	42.1	57.9	63.2	52.6	21.1	10.5
	輸送・物流	7	71.4	71.4	14.3	42.9	57.1	57.1	42.9	28.6	14.3	-
	情報・通信	16	25.0	31.3	6.3	50.0	18.8	25.0	12.5	31.3	6.3	-
	サービス・レジャー	25	16.0	76.0	20.0	60.0	52.0	56.0	44.0	52.0	16.0	12.0
取引対象	BtoB企業	69	27.5	50.7	26.1	65.2	34.8	34.8	29.0	44.9	23.2	13.0
	BtoC企業	174	36.8	59.8	21.8	53.4	37.4	47.1	48.9	38.5	16.1	6.9
外資系/一般	一般	237	34.6	56.5	22.8	56.5	35.9	43.0	43.0	40.5	18.1	8.4
	外資系	6	16.7	83.3	33.3	66.7	66.7	66.7	50.0	33.3	16.7	16.7
広告宣伝費	10億円未満	85	21.2	37.6	16.5	40.0	31.8	25.9	16.5	23.5	9.4	8.2
	10億〜20億円未満	31	38.7	64.5	35.5	51.6	41.9	51.6	48.4	41.9	22.6	6.5
	20億〜30億円未満	18	27.8	55.6	5.6	72.2	38.9	44.4	44.4	50.0	5.6	5.6
	30億〜50億円未満	19	57.9	63.2	36.8	68.4	36.8	42.1	68.4	42.1	26.3	5.3
	50億〜100億円未満	21	47.6	90.5	33.3	76.2	52.4	85.7	90.5	47.6	38.1	19.0
	100億以上	23	52.2	78.3	43.5	87.0	47.8	69.6	73.9	73.9	26.1	13.0
広告費前年比	99以下	53	30.2	66.0	20.8	67.9	39.6	41.5	47.2	41.5	22.6	11.3
	100	94	39.4	55.3	25.5	61.7	28.7	45.7	40.4	39.4	16.0	7.4
	101以上	64	35.9	62.5	26.6	51.6	48.4	51.6	51.6	40.6	20.3	10.9
広告費見通し	99以下	35	51.4	62.9	28.6	57.1	34.3	48.6	54.3	45.7	22.9	17.1
	100	114	33.3	57.0	22.8	62.3	31.6	39.5	42.1	38.6	15.8	7.0
	101以上	55	32.7	63.6	23.6	58.2	50.9	58.2	47.3	41.8	23.6	10.9
ブランディング	重視していない	31	12.9	48.4	6.5	22.6	38.7	38.7	22.6	19.4	12.9	6.5
	重視している	142	33.1	55.6	21.1	59.9	33.1	40.8	45.1	41.5	16.2	7.0
	非常に重視している	69	44.9	63.8	34.8	66.7	42.0	50.7	47.8	47.8	24.6	13.0
統合戦略	導入	124	40.3	77.4	32.3	66.1	42.7	58.1	57.3	50.8	25.0	11.3
	非導入	107	29.9	36.4	14.0	49.5	30.8	29.0	29.9	30.8	12.1	6.5

*＊＊ 第42回 広告動態調査 ＊＊＊ 2017年12月

6-1. 2017年度の広告活動、キャンペーンについて、広告会社にどのような業務を委託していますか。（複数回答）

		総数	その他	無回答
	全体	243	1.6	3.7
産業分野	エネルギー・素材	10	-	-
	食品・飲料	33	-	-
	医薬品・医療用品	10	-	-
	化粧品・トイレタリー	9	-	-
	ファッション	10	10.0	20.0
	出版	5	20.0	-
	産業機械	4	-	-
	精密・事務機器・文具	7	-	-
	電気機器・AV機器	13	-	-
	自動車・関連品	6	-	-
	家庭用品・レジャー用品	2	-	-
	不動産	8	-	-
	建設・住宅設備	21	-	4.8
	商社・流通・小売業	38	5.3	7.9
	金融・保険	19	-	5.3
	輸送・物流	7	-	-
	情報・通信	16	-	6.3
	サービス・レジャー	25	-	4.0
取引対象	BtoB企業	69	-	1.4
	BtoC企業	174	2.3	4.6
外資系／一般	一般	237	1.3	3.8
	外資系	6	16.7	-
広告宣伝費	10億円未満	85	1.2	5.9
	10億～20億円未満	31	3.2	6.5
	20億～30億円未満	18	-	-
	30億～50億円未満	19	-	-
	50億～100億円未満	21	4.8	-
	100億以上	23	-	4.3
広告費前年比	99以下	53	-	3.8
	100	94	-	4.3
	101以上	64	1.6	3.1
広告費見通し	99以下	35	2.9	5.7
	100	114	-	3.5
	101以上	55	-	1.8
ブランディング	重視していない	31	3.2	9.7
	重視している	142	1.4	3.5
	非常に重視している	69	1.4	1.4
統合戦略	導入	124	0.8	-
	非導入	107	2.8	4.7

- 86 -

＊＊＊ 第42回 広告動態調査 ＊＊＊ 2017年12月

6-2. 貴社はブランド(商品・サービス)ごとに担当広告会社を決めていますか。
(ブランドには、いくつかのブランドをまとめたブランド群や事業部も含みます)

		総数	すべてのブランドで担当会社を決めている	一部ブランドで担当会社を決めている	ブランドごとには担当会社を決めていない	無回答
	全体	243	13.6	21.0	61.7	3.7
産業分野	エネルギー・素材	10	10.0	20.0	60.0	10.0
	食品・飲料	33	33.3	36.4	30.3	－
	医薬品・医療用品	10	10.0	60.0	30.0	－
	化粧品・トイレタリー	9	44.4	44.4	11.1	－
	ファッション	10	－	20.0	80.0	－
	出版	5	－	－	80.0	20.0
	産業機械	4	－	－	100.0	－
	精密・事務機器・文具	7	－	－	100.0	－
	電気機器・AV機器	13	7.7	23.1	69.2	－
	自動車・関連品	6	16.7	16.7	66.7	－
	家庭用品・レジャー用品	2	－	100.0	－	－
	不動産	8	－	－	100.0	－
	建設・住宅設備	21	14.3	14.3	66.7	4.8
	商社・流通・小売業	38	13.2	13.2	65.8	7.9
	金融・保険	19	10.5	21.1	68.4	－
	輸送・物流	7	14.3	42.9	42.9	－
	情報・通信	16	－	6.3	81.3	12.5
	サービス・レジャー	25	12.0	12.0	72.0	4.0
取引対象	BtoB企業	69	5.8	20.3	72.5	1.4
	BtoC企業	174	16.7	21.3	57.5	4.6
外資系／一般	一般	237	12.2	21.5	62.4	3.8
	外資系	6	66.7	－	33.3	－
広告宣伝費	10億円未満	85	9.4	16.5	70.6	3.5
	10億～20億円未満	31	9.7	22.6	61.3	6.5
	20億～30億円未満	18	16.7	11.1	72.2	－
	30億～50億円未満	19	10.5	31.6	52.6	5.3
	50億～100億円未満	21	4.8	38.1	52.4	4.8
	100億以上	23	39.1	26.1	30.4	4.3
広告費前年比	99以下	53	17.0	17.0	62.3	3.8
	100	94	13.8	23.4	57.4	5.3
	101以上	64	14.1	20.3	64.1	1.6
広告費見通し	99以下	35	22.9	20.0	54.3	2.9
	100	114	14.9	21.9	58.8	4.4
	101以上	55	9.1	21.8	67.3	1.8
ブランディング	重視していない	31	－	9.7	77.4	12.9
	重視している	142	14.8	20.4	62.0	2.8
	非常に重視している	69	17.4	27.5	53.6	1.4
統合戦略	導入	124	15.3	29.0	54.8	0.8
	非導入	107	13.1	12.1	69.2	5.6

*** 第42回 広告動態調査 *** 2017年12月

6-3. 媒体購入の担当会社を特別に決めていますか。

		総数	決めている	決めていない	無回答
	全体	243	36.2	63.0	0.8
産業分野	エネルギー・素材	10	40.0	60.0	-
	食品・飲料	33	42.4	57.6	-
	医薬品・医療用品	10	40.0	60.0	-
	化粧品・トイレタリー	9	77.8	22.2	-
	ファッション	10	40.0	60.0	-
	出版	5	40.0	60.0	-
	産業機械	4	25.0	75.0	-
	精密・事務機器・文具	7	28.6	71.4	-
	電気機器・AV機器	13	38.5	61.5	-
	自動車・関連品	6	33.3	66.7	-
	家庭用品・レジャー用品	2	50.0	50.0	-
	不動産	8	-	100.0	-
	建設・住宅設備	21	19.0	76.2	4.8
	商社・流通・小売業	38	34.2	65.8	-
	金融・保険	19	42.1	57.9	-
	輸送・物流	7	57.1	42.9	-
	情報・通信	16	18.8	75.0	6.3
	サービス・レジャー	25	40.0	60.0	-
取引対象	BtoB企業	69	27.5	72.5	-
	BtoC企業	174	39.7	59.2	1.1
外資系／一般	一般	237	35.9	63.3	0.8
	外資系	6	50.0	50.0	-
広告宣伝費	10億円未満	85	29.4	70.6	-
	10億～20億円未満	31	29.0	67.7	3.2
	20億～30億円未満	18	55.6	44.4	-
	30億～50億円未満	19	26.3	73.7	-
	50億～100億円未満	21	42.9	57.1	-
	100億以上	23	65.2	30.4	4.3
広告費前年比	99以下	53	49.1	50.9	-
	100	94	36.2	61.7	2.1
	101以上	64	31.3	68.8	-
広告費見通し	99以下	35	40.0	60.0	-
	100	114	37.7	61.4	0.9
	101以上	55	40.0	60.0	-
ブランディング	重視していない	31	25.8	71.0	3.2
	重視している	142	34.5	65.5	-
	非常に重視している	69	44.9	53.6	1.4
統合戦略	導入	124	44.4	55.6	-
	非導入	107	28.0	71.0	0.9

*** 第42回 広告動態調査 *** 2017年12月

6-3SQ. 媒体購入の担当会社の決め方を教えてください。(複数回答)

		総数	すべての媒体購入を1社に任せている	新聞、テレビといった媒体ごとに広告会社を決めている	○○新聞、○○放送といった特定の媒体ごとに広告会社を決めている	商品やブランドごとに広告会社を決めている	その他
	全体	88	28.4	28.4	29.5	22.7	11.4
産業分野	エネルギー・素材	4	50.0	50.0	-	25.0	-
	食品・飲料	14	14.3	-	42.9	42.9	21.4
	医薬品・医療用品	4	-	25.0	-	50.0	25.0
	化粧品・トイレタリー	7	14.3	42.9	42.9	71.4	14.3
	ファッション	4	75.0	25.0	-	-	-
	出版	2	-	-	100.0	-	50.0
	産業機械	1	100.0	-	-	-	-
	精密・事務機器・文具	2	100.0	-	-	-	-
	電気機器・AV機器	5	-	20.0	60.0	-	20.0
	自動車・関連品	2	50.0	-	-	50.0	-
	家庭用品・レジャー用品	1	-	100.0	-	100.0	-
	不動産	-	-	-	-	-	-
	建設・住宅設備	4	25.0	25.0	50.0	-	25.0
	商社・流通・小売業	13	38.5	46.2	30.8	15.4	-
	金融・保険	8	25.0	37.5	25.0	-	12.5
	輸送・物流	4	25.0	50.0	-	25.0	-
	情報・通信	3	33.3	-	-	33.3	33.3
	サービス・レジャー	10	30.0	40.0	40.0	-	-
取引対象	BtoB企業	19	31.6	26.3	31.6	5.3	15.8
	BtoC企業	69	27.5	29.0	29.0	27.5	10.1
外資系/一般	一般	85	27.1	28.2	30.6	23.5	11.8
	外資系	3	66.7	33.3	-	-	-
広告宣伝費	10億円未満	25	40.0	40.0	16.0	20.0	4.0
	10億～20億円未満	9	44.4	22.2	22.2	11.1	22.2
	20億～30億円未満	10	30.0	30.0	20.0	10.0	20.0
	30億～50億円未満	5	40.0	40.0	-	40.0	-
	50億～100億円未満	9	-	-	55.6	44.4	11.1
	100億以上	15	26.7	40.0	33.3	33.3	13.3
広告費前年比	99以下	26	26.9	30.8	30.8	23.1	3.8
	100	34	32.4	29.4	26.5	26.5	11.8
	101以上	20	20.0	35.0	35.0	25.0	10.0
広告費見通し	99以下	14	21.4	28.6	42.9	42.9	7.1
	100	43	34.9	32.6	23.3	23.3	7.0
	101以上	22	18.2	27.3	40.9	13.6	13.6
ブランディング	重視していない	8	25.0	12.5	62.5	25.0	12.5
	重視している	49	38.8	26.5	18.4	16.3	10.2
	非常に重視している	31	12.9	35.5	38.7	32.3	12.9
統合戦略	導入	55	18.2	29.1	34.5	27.3	14.5
	非導入	30	43.3	30.0	23.3	16.7	3.3

*＊＊ 第42回 広告動態調査 ＊＊＊ 2017年12月

6-4. 広告会社の提供サービスを評価する基準はありますか。

		総数	ある	ない	無回答
	全体	243	54.3	43.2	2.5
産業分野	エネルギー・素材	10	30.0	70.0	-
	食品・飲料	33	60.6	39.4	-
	医薬品・医療用品	10	90.0	10.0	-
	化粧品・トイレタリー	9	88.9	11.1	-
	ファッション	10	60.0	40.0	-
	出版	5	40.0	40.0	20.0
	産業機械	4	25.0	75.0	-
	精密・事務機器・文具	7	42.9	57.1	-
	電気機器・AV機器	13	53.8	46.2	-
	自動車・関連品	6	50.0	50.0	-
	家庭用品・レジャー用品	2	-	100.0	-
	不動産	8	62.5	37.5	-
	建設・住宅設備	21	42.9	47.6	9.5
	商社・流通・小売業	38	44.7	52.6	2.6
	金融・保険	19	73.7	26.3	-
	輸送・物流	7	42.9	57.1	-
	情報・通信	16	43.8	43.8	12.5
	サービス・レジャー	25	60.0	40.0	-
取引対象	BtoB企業	69	39.1	58.0	2.9
	BtoC企業	174	60.3	37.4	2.3
外資系/一般	一般	237	54.0	43.5	2.5
	外資系	6	66.7	33.3	-
広告宣伝費	10億円未満	85	50.6	48.2	1.2
	10億〜20億円未満	31	38.7	51.6	9.7
	20億〜30億円未満	18	72.2	27.8	-
	30億〜50億円未満	19	47.4	52.6	-
	50億〜100億円未満	21	61.9	38.1	-
	100億以上	23	73.9	21.7	4.3
広告費前年比	99以下	53	45.3	54.7	-
	100	94	54.3	40.4	5.3
	101以上	64	60.9	37.5	1.6
広告費見通し	99以下	35	54.3	45.7	-
	100	114	57.9	38.6	3.5
	101以上	55	49.1	50.9	-
ブランディング	重視していない	31	38.7	58.1	3.2
	重視している	142	53.5	45.1	1.4
	非常に重視している	69	63.8	31.9	4.3
統合戦略	導入	124	63.7	34.7	1.6
	非導入	107	43.0	54.2	2.8

＊＊＊ 第42回 広告動態調査 ＊＊＊ 2017年12月

6-4SQ. 広告会社が提供するサービスの評価基準はなんですか。(複数回答)

		総数	商品・サービスの売り上げ	商品・サービスの認知度	企業イメージの変化度合い	媒体確保の実績	クリエイティブの質	広告賞の受賞実績	キャンペーンの話題性	価格、コスト	取引経過についての説明能力	長年の貢献度
	全体	132	26.5	19.7	11.4	45.5	80.3	1.5	11.4	65.9	14.4	22.7
産業分野	エネルギー・素材	3	66.7	66.7	66.7	100.0	100.0	-	33.3	100.0	66.7	33.3
	食品・飲料	20	35.0	15.0	-	60.0	80.0	5.0	20.0	65.0	20.0	25.0
	医薬品・医療用品	9	33.3	22.2	11.1	55.6	100.0	-	22.2	77.8	22.2	22.2
	化粧品・トイレタリー	8	50.0	50.0	12.5	50.0	87.5	-	12.5	50.0	25.0	12.5
	ファッション	6	16.7	16.7	-	33.3	83.3	-	-	50.0	-	-
	出版	2	100.0	-	-	-	50.0	-	-	100.0	-	-
	産業機械	1	-	-	-	100.0	100.0	-	-	100.0	-	-
	精密・事務機器・文具	3	-	33.3	-	-	66.7	-	-	66.7	66.7	-
	電気機器・AV機器	7	-	14.3	28.6	42.9	100.0	-	14.3	85.7	-	28.6
	自動車・関連品	3	-	66.7	33.3	66.7	100.0	-	-	100.0	-	66.7
	家庭用品・レジャー用品	-	-	-	-	-	-	-	-	-	-	-
	不動産	5	-	-	-	20.0	100.0	-	-	80.0	-	20.0
	建設・住宅設備	9	22.2	22.2	33.3	33.3	100.0	11.1	-	66.7	11.1	-
	商社・流通・小売業	17	35.3	17.6	5.9	29.4	58.8	-	5.9	58.8	-	35.3
	金融・保険	14	21.4	14.3	7.1	35.7	85.7	-	7.1	57.1	21.4	42.9
	輸送・物流	3	-	-	-	33.3	66.7	-	-	66.7	-	-
	情報・通信	7	42.9	28.6	-	57.1	85.7	-	14.3	57.1	14.3	28.6
	サービス・レジャー	15	13.3	6.7	20.0	60.0	53.3	-	20.0	60.0	13.3	13.3
取引対象	BtoB企業	27	14.8	22.2	22.2	55.6	92.6	3.7	11.1	77.8	18.5	7.4
	BtoC企業	105	29.5	19.0	8.6	42.9	77.1	1.0	11.4	62.9	13.3	26.7
外資系／一般	一般	128	26.6	19.5	11.7	45.3	80.5	1.6	11.7	66.4	14.8	22.7
	外資系	4	25.0	25.0	-	50.0	75.0	-	-	50.0	-	25.0
広告宣伝費	10億円未満	43	27.9	18.6	7.0	32.6	86.0	2.3	4.7	65.1	7.0	18.6
	10億～20億円未満	12	8.3	-	8.3	33.3	66.7	-	25.0	75.0	25.0	16.7
	20億～30億円未満	13	30.8	15.4	7.7	38.5	61.5	-	7.7	53.8	15.4	23.1
	30億～50億円未満	9	44.4	33.3	44.4	33.3	77.8	-	33.3	66.7	33.3	33.3
	50億～100億円未満	13	30.8	7.7	15.4	69.2	61.5	-	7.7	61.5	15.4	30.8
	100億以上	17	35.3	35.3	5.9	64.7	94.1	5.9	17.6	64.7	23.5	35.3
前年広告費比	99以下	24	37.5	20.8	4.2	54.2	83.3	-	8.3	66.7	12.5	29.2
	100	51	23.5	17.6	7.8	43.1	72.5	3.9	13.7	60.8	21.6	21.6
	101以上	39	30.8	25.6	20.5	41.0	87.2	-	12.8	71.8	12.8	25.6
広告費見通し	99以下	19	36.8	21.1	5.3	47.4	94.7	-	21.1	78.9	15.8	42.1
	100	66	30.3	22.7	10.6	40.9	74.2	1.5	12.1	59.1	15.2	19.7
	101以上	27	22.2	11.1	18.5	48.1	81.5	3.7	7.4	70.4	18.5	18.5
ブランディング	重視していない	12	41.7	8.3	-	8.3	58.3	-	-	58.3	8.3	8.3
	重視している	76	23.7	17.1	15.8	51.3	75.0	-	11.8	64.5	15.8	17.1
	非常に重視している	44	27.3	27.3	6.8	45.5	95.5	4.5	13.6	70.5	13.6	36.4
統合戦略	導入	79	29.1	25.3	16.5	51.9	83.5	1.3	13.9	65.8	17.7	20.3
	非導入	46	26.1	13.0	4.3	37.0	73.9	2.2	8.7	67.4	10.9	26.1

*** 第42回 広告動態調査 *** 2017年12月

6-4SQ. 広告会社が提供するサービスの評価基準はなんですか。(複数回答)

		総数	サービスができる業務範囲	営業担当者の能力や人柄	自社に対する熱心さ	自社の要望にきちんと応えてくれたか	アカウントプランナーの能力	その他
	全体	132	36.4	56.1	47.7	68.2	24.2	3.0
産業分野	エネルギー・素材	3	66.7	33.3	33.3	100.0	66.7	-
	食品・飲料	20	45.0	55.0	50.0	75.0	20.0	5.0
	医薬品・医療用品	9	44.4	77.8	55.6	88.9	55.6	-
	化粧品・トイレタリー	8	25.0	75.0	50.0	50.0	50.0	12.5
	ファッション	6	16.7	66.7	50.0	50.0	-	16.7
	出版	2	50.0	-	-	-	50.0	-
	産業機械	1	-	100.0	100.0	100.0	-	-
	精密・事務機器・文具	3	33.3	66.7	100.0	66.7	-	-
	電気機器・AV機器	7	57.1	71.4	57.1	85.7	28.6	-
	自動車・関連品	3	33.3	33.3	33.3	100.0	-	-
	家庭用品・レジャー用品	-	-	-	-	-	-	-
	不動産	5	80.0	60.0	60.0	80.0	-	-
	建設・住宅設備	9	22.2	66.7	44.4	88.9	22.2	-
	商社・流通・小売業	17	17.6	41.2	41.2	47.1	17.6	-
	金融・保険	14	50.0	64.3	42.9	64.3	21.4	-
	輸送・物流	3	66.7	-	33.3	100.0	-	-
	情報・通信	7	28.6	42.9	28.6	71.4	-	-
	サービス・レジャー	15	20.0	53.3	53.3	53.3	40.0	6.7
取引対象	BtoB企業	27	51.9	59.3	40.7	77.8	18.5	-
	BtoC企業	105	32.4	55.2	49.5	65.7	25.7	3.8
外資系/一般	一般	128	35.9	55.5	48.4	68.8	24.2	3.1
	外資系	4	50.0	75.0	25.0	50.0	25.0	-
広告宣伝費	10億円未満	43	37.2	60.5	46.5	72.1	16.3	-
	10億～20億円未満	12	41.7	66.7	25.0	75.0	25.0	-
	20億～30億円未満	13	15.4	69.2	53.8	53.8	30.8	15.4
	30億～50億円未満	9	55.6	22.2	33.3	55.6	22.2	-
	50億～100億円未満	13	30.8	46.2	61.5	69.2	46.2	7.7
	100億以上	17	41.2	70.6	64.7	76.5	35.3	-
前年比広告費	99以下	24	16.7	45.8	45.8	45.8	29.2	-
	100	51	41.2	60.8	56.9	72.5	31.4	2.0
	101以上	39	38.5	64.1	38.5	71.8	17.9	5.1
見通し広告費	99以下	19	31.6	42.1	52.6	57.9	21.1	-
	100	66	30.3	59.1	48.5	66.7	27.3	4.5
	101以上	27	44.4	63.0	44.4	74.1	25.9	-
ブランディング	重視していない	12	33.3	25.0	16.7	33.3	16.7	-
	重視している	76	31.6	56.6	46.1	68.4	21.1	3.9
	非常に重視している	44	45.5	63.6	59.1	77.3	31.8	2.3
統合戦略	導入	79	36.7	58.2	49.4	72.2	31.6	3.8
	非導入	46	37.0	52.2	41.3	63.0	13.0	2.2

*** 第42回　広告動態調査　***　2017年12月

6-5. 広告会社に何を期待しますか。(複数回答)

		総数	基本的な広告計画の立案能力	媒体計画の立案能力	広告媒体の確保・出稿管理	媒体購入価格の明示	クリエイティブ能力	マーケティング面の分析と計画	広告以外のプロモーション活動	営業担当の対応能力や調整力	国際的なネットワーク体制	商品・技術などに関する専門知識
	全体	243	45.3	42.8	48.1	32.5	83.1	46.5	18.9	54.3	11.9	15.2
産業分野	エネルギー・素材	10	50.0	50.0	70.0	30.0	90.0	30.0	50.0	90.0	30.0	30.0
	食品・飲料	33	57.6	51.5	57.6	36.4	87.9	60.6	30.3	66.7	6.1	15.2
	医薬品・医療用品	10	70.0	40.0	60.0	50.0	100.0	30.0	10.0	50.0	20.0	20.0
	化粧品・トイレタリー	9	44.4	44.4	66.7	55.6	88.9	88.9	22.2	88.9	22.2	22.2
	ファッション	10	20.0	20.0	30.0	30.0	50.0	30.0	10.0	30.0	10.0	-
	出版	5	-	-	-	20.0	60.0	20.0	-	20.0	-	-
	産業機械	4	50.0	50.0	25.0	25.0	100.0	-	50.0	25.0	75.0	-
	精密・事務機器・文具	7	28.6	57.1	57.1	28.6	85.7	42.9	14.3	71.4	14.3	-
	電気機器・AV機器	13	38.5	46.2	53.8	30.8	92.3	30.8	15.4	84.6	46.2	46.2
	自動車・関連品	6	66.7	50.0	50.0	33.3	83.3	66.7	16.7	66.7	-	16.7
	家庭用品・レジャー用品	2	50.0	50.0	50.0	-	50.0	100.0	50.0	-	-	-
	不動産	8	62.5	37.5	37.5	12.5	87.5	62.5	25.0	62.5	-	12.5
	建設・住宅設備	21	38.1	47.6	33.3	33.3	81.0	57.1	14.3	33.3	19.0	28.6
	商社・流通・小売業	38	42.1	42.1	42.1	26.3	84.2	36.8	13.2	44.7	2.6	7.9
	金融・保険	19	47.4	47.4	68.4	47.4	89.5	57.9	5.3	63.2	-	10.5
	輸送・物流	7	42.9	28.6	42.9	-	85.7	14.3	28.6	42.9	14.3	-
	情報・通信	16	31.3	25.0	31.3	31.3	68.8	25.0	6.3	31.3	12.5	6.3
	サービス・レジャー	25	52.0	48.0	52.0	36.0	80.0	60.0	24.0	56.0	4.0	20.0
取引対象	BtoB企業	69	42.0	39.1	50.7	30.4	84.1	31.9	21.7	59.4	26.1	21.7
	BtoC企業	174	46.6	44.3	47.1	33.3	82.8	52.3	17.8	52.3	6.3	12.6
外資系/一般	一般	237	45.6	42.6	47.7	31.6	83.1	46.4	19.0	54.9	12.2	15.6
	外資系	6	33.3	50.0	66.7	66.7	83.3	50.0	16.7	33.3	-	-
広告宣伝費	10億円未満	85	40.0	35.3	36.5	23.5	78.8	32.9	17.6	45.9	8.2	10.6
	10億～20億円未満	31	32.3	35.5	38.7	35.5	77.4	51.6	19.4	48.4	3.2	12.9
	20億～30億円未満	18	44.4	38.9	44.4	27.8	77.8	55.6	5.6	66.7	11.1	16.7
	30億～50億円未満	19	52.6	63.2	52.6	42.1	100.0	63.2	21.1	42.1	15.8	10.5
	50億～100億円未満	21	57.1	61.9	66.7	47.6	95.2	57.1	28.6	81.0	23.8	9.5
	100億以上	23	60.9	47.8	65.2	47.8	82.6	65.2	21.7	60.9	13.0	34.8
広告費前年比	99以下	53	34.0	37.7	52.8	34.0	81.1	41.5	20.8	52.8	11.3	9.4
	100	94	43.6	43.6	44.7	33.0	83.0	43.6	14.9	57.4	12.8	18.1
	101以上	64	50.0	43.8	48.4	32.8	87.5	57.8	20.3	51.6	10.9	14.1
広告費見通し	99以下	35	42.9	42.9	54.3	37.1	82.9	57.1	14.3	54.3	8.6	14.3
	100	114	42.1	39.5	42.1	26.3	84.2	39.5	14.9	57.0	11.4	13.2
	101以上	55	43.6	43.6	54.5	45.5	85.5	58.2	27.3	47.3	16.4	20.0
ブランディング	重視していない	31	35.5	16.1	29.0	22.6	64.5	41.9	16.1	32.3	3.2	9.7
	重視している	142	43.7	45.1	47.9	31.0	83.1	43.0	17.6	55.6	13.4	14.8
	非常に重視している	69	53.6	50.7	56.5	39.1	91.3	55.1	23.2	62.3	13.0	18.8
統合戦略	導入	124	51.6	50.8	55.6	37.1	84.7	59.7	24.2	58.9	15.3	16.1
	非導入	107	40.2	36.4	41.1	29.9	83.2	34.6	15.0	50.5	9.3	14.0

*** 第42回 広告動態調査 *** 2017年12月

6-5. 広告会社に何を期待しますか。(複数回答)

		総数	企業全体に関する知識と理解	広告効果の測定と把握	社内説得に有効なデータ整備	企業イメージの分析と広告計画	広告および各種プロモーション活動の統合・管理	コンシューマーインサイトの発見	経営・事業計画の立案能力	商品開発の提案力	アフターマーケティングへの対応力	その他
	全体	243	46.9	54.3	41.6	32.1	27.2	18.9	2.9	3.7	9.1	0.8
産業分野	エネルギー・素材	10	90.0	80.0	90.0	70.0	50.0	20.0	20.0	-	10.0	-
	食品・飲料	33	27.3	51.5	36.4	21.2	42.4	39.4	3.0	6.1	12.1	3.0
	医薬品・医療用品	10	60.0	70.0	50.0	30.0	30.0	30.0	-	-	20.0	-
	化粧品・トイレタリー	9	66.7	55.6	66.7	22.2	55.6	55.6	11.1	11.1	22.2	-
	ファッション	10	20.0	30.0	30.0	-	10.0	30.0	-	-	10.0	10.0
	出版	5	-	40.0	-	-	-	-	-	-	20.0	-
	産業機械	4	50.0	25.0	50.0	50.0	25.0	-	25.0	-	-	-
	精密・事務機器・文具	7	42.9	57.1	42.9	42.9	14.3	-	14.3	-	-	-
	電気機器・AV機器	13	76.9	84.6	53.8	69.2	23.1	23.1	-	-	-	-
	自動車・関連品	6	50.0	50.0	50.0	16.7	33.3	16.7	-	-	-	-
	家庭用品・レジャー用品	2	-	100.0	100.0	-	-	-	-	-	-	-
	不動産	8	75.0	37.5	50.0	37.5	12.5	-	-	-	12.5	-
	建設・住宅設備	21	52.4	52.4	38.1	47.6	23.8	14.3	4.8	4.8	9.5	-
	商社・流通・小売業	38	39.5	44.7	28.9	23.7	13.2	7.9	-	5.3	2.6	-
	金融・保険	19	57.9	68.4	42.1	47.4	42.1	21.1	-	5.3	21.1	-
	輸送・物流	7	85.7	57.1	28.6	14.3	42.9	-	-	14.3	-	-
	情報・通信	16	31.3	43.8	50.0	25.0	-	-	-	6.3	-	-
	サービス・レジャー	25	40.0	56.0	32.0	32.0	36.0	24.0	-	-	12.0	-
取引対象	BtoB企業	69	56.5	59.4	55.1	50.7	29.0	11.6	2.9	-	5.8	-
	BtoC企業	174	43.1	52.3	36.2	24.7	26.4	21.8	2.9	5.2	10.3	1.1
外資系/一般	一般	237	47.3	53.6	41.8	32.5	27.4	19.4	3.0	3.8	8.4	0.8
	外資系	6	33.3	83.3	33.3	16.7	16.7	-	-	-	33.3	-
広告宣伝費	10億円未満	85	48.2	45.9	38.8	34.1	18.8	9.4	3.5	2.4	4.7	-
	10億～20億円未満	31	32.3	54.8	54.8	38.7	29.0	9.7	-	-	9.7	-
	20億～30億円未満	18	61.1	61.1	44.4	33.3	27.8	33.3	-	-	16.7	-
	30億～50億円未満	19	42.1	52.6	36.8	26.3	21.1	10.5	5.3	5.3	5.3	-
	50億～100億円未満	21	52.4	66.7	38.1	23.8	42.9	38.1	-	-	-	4.8
	100億以上	23	56.5	73.9	47.8	30.4	47.8	34.8	8.7	13.0	21.7	-
広告費前年比	99以下	53	43.4	66.0	34.0	34.0	37.7	15.1	3.8	1.9	11.3	1.9
	100	94	41.5	47.9	48.9	31.9	24.5	21.3	4.3	4.3	9.6	-
	101以上	64	54.7	56.3	40.6	28.1	25.0	17.2	-	3.1	4.7	-
広告費見通し	99以下	35	45.7	60.0	45.7	37.1	48.6	25.7	8.6	2.9	5.7	-
	100	114	47.4	48.2	43.0	30.7	22.8	16.7	1.8	3.5	11.4	0.9
	101以上	55	45.5	67.3	38.2	27.3	29.1	21.8	1.8	1.8	5.5	-
ブランディング	重視していない	31	22.6	48.4	29.0	12.9	12.9	12.9	3.2	9.7	3.2	-
	重視している	142	46.5	50.7	40.1	31.0	26.1	15.5	0.7	1.4	10.6	1.4
	非常に重視している	69	58.0	63.8	50.7	43.5	36.2	29.0	7.2	5.8	8.7	-
統合戦略	導入	124	50.0	64.5	48.4	35.5	36.3	28.2	4.0	3.2	12.1	0.8
	非導入	107	45.8	47.7	36.4	31.8	19.6	8.4	1.9	3.7	5.6	0.9

*** 第42回 広告動態調査 *** 2017年12月

6-5. 広告会社に何を期待しますか。(複数回答)

		総数	無回答
	全体	243	3.3
産業分野	エネルギー・素材	10	-
	食品・飲料	33	-
	医薬品・医療用品	10	-
	化粧品・トイレタリー	9	-
	ファッション	10	20.0
	出版	5	20.0
	産業機械	4	-
	精密・事務機器・文具	7	-
	電気機器・AV機器	13	-
	自動車・関連品	6	-
	家庭用品・レジャー用品	2	-
	不動産	8	-
	建設・住宅設備	21	4.8
	商社・流通・小売業	38	5.3
	金融・保険	19	-
	輸送・物流	7	-
	情報・通信	16	12.5
	サービス・レジャー	25	-
取引対象	BtoB企業	69	2.9
	BtoC企業	174	3.4
外資系／一般	一般	237	3.4
	外資系	6	-
広告宣伝費	10億円未満	85	2.4
	10億～20億円未満	31	9.7
	20億～30億円未満	18	-
	30億～50億円未満	19	-
	50億～100億円未満	21	-
	100億以上	23	4.3
広告費前年比	99以下	53	1.9
	100	94	4.3
	101以上	64	3.1
広告費見通し	99以下	35	5.7
	100	114	2.6
	101以上	55	-
ブランディング	重視していない	31	6.5
	重視している	142	2.8
	非常に重視している	69	2.9
統合戦略	導入	124	1.6
	非導入	107	1.9

*** 第42回 広告動態調査 *** 2017年12月

7-1. 最近の広告業界のトピックスのうち、重要な問題とお考えの項目を教えてください。（複数回答）

		総数	コンタクト(タッチ)ポイントマーケティングの活用	消費者の複数メディアへの同時接触(例：テレビを見ながらスマートフォンの操作など)	録画再生率など視聴率の改良	コンテンツマーケティングの実践、強化	社内外を説得するための広告の必要性の理論構築	スマートフォン、タブレットの急速な普及	ソーシャル(社会とのかかわりを重視する)マーケティング	ソーシャルメディア(ブログ、SNS、ツイッターなど)の効果	戦略PR(商品やメッセージに注目してもらうための環境づくり)	広告効果調査手法の確立
	全体	243	25.9	41.2	19.8	37.0	26.3	51.9	37.9	62.6	42.8	37.0
産業分野	エネルギー・素材	10	20.0	30.0	10.0	10.0	60.0	60.0	50.0	80.0	30.0	70.0
	食品・飲料	33	39.4	63.6	24.2	42.4	33.3	45.5	48.5	63.6	51.5	36.4
	医薬品・医療用品	10	30.0	80.0	40.0	30.0	40.0	30.0	20.0	60.0	60.0	70.0
	化粧品・トイレタリー	9	22.2	77.8	55.6	55.6	44.4	55.6	66.7	77.8	88.9	55.6
	ファッション	10	30.0	30.0	20.0	50.0	20.0	50.0	50.0	70.0	50.0	10.0
	出版	5	-	-	20.0	40.0	-	20.0	-	40.0	-	-
	産業機械	4	25.0	25.0	25.0	-	50.0	25.0	-	25.0	50.0	50.0
	精密・事務機器・文具	7	14.3	42.9	14.3	42.9	-	42.9	28.6	57.1	14.3	14.3
	電気機器・AV機器	13	46.2	30.8	38.5	46.2	23.1	46.2	38.5	69.2	38.5	53.8
	自動車・関連品	6	16.7	16.7	33.3	66.7	33.3	66.7	66.7	50.0	66.7	50.0
	家庭用品・レジャー用品	2	-	50.0	-	50.0	-	50.0	-	50.0	50.0	-
	不動産	8	-	37.5	-	25.0	25.0	87.5	37.5	62.5	37.5	25.0
	建設・住宅設備	21	33.3	47.6	23.8	47.6	28.6	42.9	28.6	42.9	52.4	28.6
	商社・流通・小売業	38	18.4	21.1	5.3	23.7	15.8	68.4	39.5	63.2	31.6	26.3
	金融・保険	19	26.3	26.3	15.8	36.8	26.3	57.9	36.8	78.9	36.8	42.1
	輸送・物流	7	14.3	42.9	14.3	28.6	-	42.9	14.3	71.4	57.1	57.1
	情報・通信	16	12.5	31.3	18.8	25.0	31.3	31.3	31.3	37.5	31.3	18.8
	サービス・レジャー	25	36.0	56.0	16.0	48.0	24.0	60.0	40.0	76.0	40.0	48.0
取引対象	BtoB企業	69	21.7	30.4	17.4	34.8	37.7	42.0	27.5	44.9	43.5	44.9
	BtoC企業	174	27.6	45.4	20.7	37.9	21.8	55.7	42.0	69.5	42.5	33.9
外資系/一般	一般	237	25.7	41.4	19.4	35.9	26.2	51.5	37.6	62.4	42.6	37.1
	外資系	6	33.3	33.3	33.3	83.3	33.3	66.7	50.0	66.7	50.0	33.3
広告宣伝費	10億円未満	85	23.5	30.6	11.8	35.3	23.5	49.4	29.4	62.4	35.3	34.1
	10億〜20億円未満	31	16.1	29.0	12.9	41.9	32.3	58.1	38.7	58.1	48.4	25.8
	20億〜30億円未満	18	38.9	44.4	27.8	38.9	27.8	83.3	55.6	72.2	55.6	27.8
	30億〜50億円未満	19	31.6	42.1	21.1	36.8	36.8	36.8	57.9	42.1	42.1	42.1
	50億〜100億円未満	21	42.9	42.9	23.8	38.1	33.3	52.4	42.9	61.9	57.1	47.6
	100億以上	23	39.1	69.6	47.8	52.2	26.1	52.2	47.8	78.3	52.2	56.5
前年比広告費	99以下	53	32.1	47.2	26.4	41.5	28.3	58.5	39.6	77.4	41.5	43.4
	100	94	26.6	37.2	18.1	31.9	28.7	42.6	36.2	59.6	41.5	34.0
	101以上	64	28.1	45.3	20.3	39.1	21.9	54.7	40.6	54.7	42.2	39.1
見通し広告費	99以下	35	31.4	42.9	28.6	37.1	31.4	68.6	34.3	65.7	37.1	42.9
	100	114	28.1	40.4	22.8	33.3	28.9	43.0	35.1	58.8	39.5	38.6
	101以上	55	27.3	47.3	14.5	49.1	18.2	56.4	47.3	63.6	50.9	36.4
ブランディング	重視していない	31	19.4	29.0	3.2	35.5	16.1	54.8	32.3	54.8	22.6	25.8
	重視している	142	23.2	40.1	22.5	33.8	28.2	45.8	35.9	62.0	40.1	38.7
	非常に重視している	69	33.3	49.3	21.7	43.5	27.5	62.3	44.9	66.7	56.5	37.7
統合戦略	導入	124	37.1	54.0	23.4	46.0	30.6	56.5	47.6	70.2	50.8	41.9
	非導入	107	15.9	28.0	16.8	29.0	24.3	46.7	27.1	55.1	35.5	34.6

- 96 -

*** 第42回 広告動態調査 *** 2017年12月

7-1. 最近の広告業界のトピックスのうち、重要な問題とお考えの項目を教えてください。（複数回答）

		総数	ネイティブ広告の評価、活用	マスメディア広告効果の変化	クロスメディア展開の方法	O2O(ネット上の情報をきっかけに、消費者を実店舗に誘導)	スマートフォン利用者の広告回避	オリンピックに向けて広告活動を充実	ビッグデータの活用	インターネットのマイナス面（ブランドセーフティやビューアビリティなどに関する課題）	AI(人工知能)の広告業務への活用	デジタル広告とテレビCMの効果指標の統一
	全体	243	7.4	34.6	33.3	20.2	17.3	14.0	35.0	18.9	28.8	28.4
産業分野	エネルギー・素材	10	20.0	40.0	30.0	10.0	10.0	20.0	40.0	30.0	20.0	50.0
	食品・飲料	33	6.1	39.4	45.5	30.3	18.2	21.2	33.3	36.4	27.3	39.4
	医薬品・医療用品	10	10.0	20.0	40.0	30.0	20.0	-	30.0	30.0	50.0	50.0
	化粧品・トイレタリー	9	22.2	44.4	66.7	33.3	33.3	-	44.4	33.3	66.7	66.7
	ファッション	10	-	10.0	40.0	50.0	10.0	20.0	30.0	-	80.0	-
	出版	5	-	40.0	-	-	20.0	-	-	-	20.0	-
	産業機械	4	-	50.0	50.0	-	-	50.0	25.0	-	25.0	50.0
	精密・事務機器・文具	7	14.3	28.6	28.6	-	42.9	28.6	28.6	-	-	71.4
	電気機器・AV機器	13	15.4	61.5	38.5	15.4	7.7	38.5	30.8	23.1	7.7	15.4
	自動車・関連品	6	-	66.7	33.3	-	16.7	-	66.7	33.3	33.3	50.0
	家庭用品・レジャー用品	2	-	100.0	100.0	50.0	-	-	-	50.0	50.0	50.0
	不動産	8	-	37.5	37.5	-	-	12.5	25.0	12.5	25.0	-
	建設・住宅設備	21	4.8	23.8	33.3	19.0	14.3	14.3	28.6	19.0	23.8	9.5
	商社・流通・小売業	38	2.6	31.6	18.4	28.9	18.4	5.3	42.1	5.3	18.4	15.8
	金融・保険	19	-	36.8	36.8	21.1	15.8	10.5	47.4	15.8	26.3	26.3
	輸送・物流	7	14.3	57.1	-	-	14.3	14.3	57.1	14.3	-	28.6
	情報・通信	16	-	12.5	12.5	6.3	12.5	12.5	25.0	-	18.8	31.3
	サービス・レジャー	25	20.0	28.0	40.0	16.0	28.0	12.0	32.0	32.0	48.0	28.0
取引対象	BtoB企業	69	8.7	37.7	33.3	7.2	10.1	21.7	23.2	21.7	20.3	29.0
	BtoC企業	174	6.9	33.3	33.3	25.3	20.1	10.9	39.7	17.8	32.2	28.2
外資系/一般	一般	237	7.2	35.0	33.3	19.8	17.3	14.3	34.6	18.6	28.7	28.3
	外資系	6	16.7	16.7	33.3	33.3	16.7	-	50.0	33.3	33.3	33.3
広告宣伝費	10億円未満	85	7.1	21.2	30.6	17.6	14.1	9.4	27.1	12.9	22.4	18.8
	10億～20億円未満	31	6.5	32.3	32.3	22.6	12.9	6.5	12.9	16.1	32.3	25.8
	20億～30億円未満	18	16.7	44.4	38.9	27.8	27.8	11.1	33.3	11.1	50.0	27.8
	30億～50億円未満	19	10.5	36.8	26.3	31.6	5.3	10.5	63.2	10.5	36.8	36.8
	50億～100億円未満	21	4.8	33.3	38.1	19.0	28.6	28.6	38.1	38.1	23.8	33.3
	100億以上	23	8.7	60.9	43.5	21.7	39.1	34.8	69.6	43.5	52.2	60.9
広告費前年比	99以下	53	18.9	41.5	39.6	22.6	24.5	15.1	37.7	20.8	35.8	34.0
	100	94	5.3	35.1	28.7	18.1	14.9	18.1	35.1	19.1	26.6	33.0
	101以上	64	4.7	32.8	34.4	17.2	20.3	10.9	34.4	21.9	26.6	23.4
広告費見通し	99以下	35	14.3	48.6	37.1	28.6	25.7	28.6	37.1	20.0	37.1	37.1
	100	114	6.1	34.2	32.5	19.3	16.7	11.4	33.3	21.1	26.3	28.9
	101以上	55	10.9	34.5	32.7	10.9	20.0	14.5	41.8	21.8	29.1	30.9
ブランディング	重視していない	31	3.2	9.7	19.4	16.1	22.6	-	25.8	3.2	16.1	6.5
	重視している	142	6.3	34.5	33.1	20.4	13.4	14.1	34.5	19.0	28.2	26.1
	非常に重視している	69	11.6	46.4	40.6	20.3	23.2	18.8	39.1	26.1	36.2	43.5
戦略統合	導入	124	8.9	44.4	44.4	22.6	22.6	19.4	41.9	25.0	39.5	39.5
	非導入	107	6.5	24.3	23.4	18.7	13.1	9.3	29.0	14.0	17.8	17.8

*** 第42回 広告動態調査 *** 2017年12月

7-1. 最近の広告業界のトピックスのうち、重要な問題とお考えの項目を教えてください。（複数回答）

		総数	その他	無回答
	全体	243	0.4	2.1
産業分野	エネルギー・素材	10	-	-
	食品・飲料	33	-	-
	医薬品・医療用品	10	-	-
	化粧品・トイレタリー	9	-	-
	ファッション	10	-	-
	出版	5	-	20.0
	産業機械	4	-	-
	精密・事務機器・文具	7	-	-
	電気機器・AV機器	13	-	-
	自動車・関連品	6	-	-
	家庭用品・レジャー用品	2	-	-
	不動産	8	-	-
	建設・住宅設備	21	4.8	4.8
	商社・流通・小売業	38	-	5.3
	金融・保険	19	-	-
	輸送・物流	7	-	-
	情報・通信	16	-	6.3
	サービス・レジャー	25	-	-
取引対象	BtoB企業	69	1.4	1.4
	BtoC企業	174	-	2.3
外資系／一般	一般	237	0.4	2.1
	外資系	6	-	-
広告宣伝費	10億円未満	85	1.2	-
	10億～20億円未満	31	-	9.7
	20億～30億円未満	18	-	-
	30億～50億円未満	19	-	-
	50億～100億円未満	21	-	4.8
	100億以上	23	-	4.3
広告費前年比	99以下	53	-	1.9
	100	94	1.1	3.2
	101以上	64	-	1.6
広告費見通し	99以下	35	-	5.7
	100	114	0.9	1.8
	101以上	55	-	-
ブランディング	重視していない	31	-	9.7
	重視している	142	-	0.7
	非常に重視している	69	1.4	1.4
統合戦略	導入	124	-	-
	非導入	107	0.9	1.9

※本書の内容を他の報告書・出版物などで利用する場合は、あらかじめ当研究所に使用許諾の申請をしてください。そのうえで、「日経広告研究所・広告動態調査　2018年版」に基づく旨を明記してください※

広告動態調査

２０１８年版

2018年2月27日　発行

本体１０，０００円＋税

編集　　　日経広告研究所Ⓒ
発行者　　近藤　太一
発行所　　日経広告研究所

〒101－0047
東京都千代田区内神田１－６－６
MIF ビル８階
電話　03－5259－2626